マチルダ・オードネル・マックエルロイの
手紙と記録と
合衆国陸軍航空隊
機密公式記録文書

エイリアン・インタビュー

（リーダーズ・エディション）

編集：

ローレンス R.スペンサー

エイリアン・インタビュー

(リーダーズ・エディション)

ISBN: 978-1-329-40891-3

初版発行:2015年

装幀:ローレンス R.スペンサー

「エイリアン・インタビュー」の本に対する読者からのコメント

「私はこの本にとても感謝しています」

「圧倒的な義務感と名誉を感じて、あなたは故ミセス・マックエルロイに代わってこの本を出したのでしょう。与えられた条件の中では最良の形で出されたと私は思います……けれども、私はあなたがこのデータを破壊する選択をしたことを理解することができません。それは一種の冒瀆のように思えます。あなたの立場はよく理解して**います**が、求められてはいませんが私の見解では、私だったら別の方法を見つけたでしょう。さらに、メディアのテクノロジーが身近にある今日では、彼女がこの情報に加えて、ここで提示されている資料に対する映像での証言を残してくれた方が、私たち全員にとってはるかにためになったと思います。

私はこの本と、それが私たちに提示する挑戦にとても感謝しています。私は、自分のことを指導者と呼ぶ一部の者たちの恐れと偏見を明らかにする事の顛末と試練の終わり方、またその恐ろしい出来事に対してとても深く悲しんでいます。それでも私たちがここに持っているものは、短くとも貴重なものです。最後に、私は世界の多くの人たちが手に入れることを可能にするこの PDF の値段に感謝しています。この本は多くの疑問を浮上させます……しかし、それでも他の多くの質問に対する驚くべき答えを与えてくれます……

私はこれを探求者に勧めるでしょうか？　私が奮い起こすことのできる情熱の全てで……**はい**、本当に勧めます！　素晴らしい仕事に賛辞を贈ります……」－Expedia

「……これはとてつもないことを暗示している」

「この興味深い文章のコレクションを共有してくれてありがとう。それはとてつもないことを暗示している」－エリック・ムッツレヒナー

「……私の一番好きな本だ！！！」

「……これは本当にすごい本だ。もしエイリアンについて調べ始めたばかりなら、私だったらこの本は買わない。私はまず、この惑星がどのようにコントロールされているか、について学ぶだろう。ウィリアム・クーパーの **Behold a Pale Horse**（蒼ざめた馬を見よ）、それから**エデンの神々**を読むべきだ。宗教がエイリアンたちに書かれた(奨励された)ことを学んだ後、この本を買うべきだ。この本は言葉を使って、様々なひもを結び付ける。でもまず結ぶためのひもが必要だ。そうしなければ、あなたは本を偽物として投げ捨てるだろう……だが私はそれが偽物でないことを約束する……偽物でないことを祈っている……この本は 10 点満点だ……もしこれが本当なら、この惑星上の**全て**の人間が他のどのような本よりも読んで従うべき本だ。エイリアンについて何年も調べた後にこれを偶然発見した……とんでもなくゾクっとする……そして私の一番好きな本だ！！！」－logic2reason

「それは本当に私に語りかけ、全てを変えました！」

「**私はエイリアン・インタビューが好きで、好きで、大好きです。**私は UFO マニアでもないし、そう自認したこともありません。でも友人がこの本へのリンクを送ってくれた時、私のガイドたちがそれを読むように叫んでいました。私はインタビューの全てを 24 時間以内に読みました！　それは私に本当に語りかけ、そして**全て**を変えました！　:）私たち全員にとって芸術的な価値であってくれて、またマチルダからもたらされた情報を伝えるのに十分に勇敢であってくれて本当にありがとう！」－愛と光を、Renee

「私は一度に本を全部読んだ、そして本当に驚嘆した」
－Mookite（email で）

「……現在の宇宙学の明確な穴を補充してくれる」

「この大局観という素晴らしい贈り物を私たちにもたらしてくれてありがとう。表面的にはそれは騒がしい議論の的であるし、常にそうであるでしょうが、その宝物が見える者にとっては、それの量子的三角測量は正確です。連中はダイヤが入っていた箱を巡って争い、ダイヤそのものを捨ててしまうことが目に見えている。考え深い言葉である「IS-BE」が、試金者にとってこの資料の実物証明証なのだ。ほとんどの人には理解でないが、それでもこの事実は宇宙学的な創始をとても詳細な次元的座標点に固定し、現在の宇宙学の明確な穴を補充してくれる。情報源の資料を破壊する決断の中であなたはそれを正確に憶測したと私は確信している」ーマーティン・バーガー

「宇宙政治学の最も重要な証拠の一つ、それはあなたを心の底から打つだろう」

「トークラジオでこの本の編集者のインタビューを聴いた後、私は最後には興味を持ちながらも少し不機嫌だった。

面白いと思ったのは、この CGI とフォトショップの時代にー画像分析は、ただ単にそれが「本物」なのか「偽物」なのかについて、多くのつまらない堂々めぐりの議論にしか至らないからだ。そのため私の体験では、コンタクトに関する証言の方がそれより価値があり、同時により興味深い。私はまた同時にいくらか失望した。なぜならこの情報がもし正確なのであれば、[そしてこれを読んでから私は正確であると信じている]それは、これを提供した陸軍の看護師の臨終の時ではなく、何十年も前に明らかにされるべきだったからだ。

ロズウェル墜落事件の地球外生命体パイロットその者からのコミュニケーションに加えて、ローレンス・スペンサーとマチルダ・オードネル・マックエルロイは二人とも、このノートが読者を連れて行く奇妙で、多くの場合、形而上学的な旅にとって役に立つ様々な前後関係を与えてくれる。この本に含まれている情報は

あまりにも衝撃的であるため、読者はその詳細を全て理解するために、自分の足を地につけてくれるこの情報が必要である、と提言する私の言葉を信じてほしい」－宇宙政治学会　デビット・グリフィン

「私はこの本が信じるに値すると証言しても良い」

「……これは必読書だ。私はこれについて行くのに苦労したが、この題目についての他の本を何冊か読んだ後、私はこの本が信じるに値すると証言しても良い」－ RoganSF

「エイリアン・インタビューを読みなさい。それはあなたの人生に本当に多くの理解を与えてくれるだろう」－ UpRiver

「……これは地球の歴史上、これまで現れた資料の中で最も重要なものかもしれない」

「……ここにあるのは、歴史上これまで現れたUFO／ETIパズルのピースの中で最も重要なものだ。それは一部の者たちに、ETIが私たちに教えていることを、コミュニケーションの取れる一貫性のあるものに合成するように力を与えてくれる。これを**厳しく吟味する必要は全くない**。この文書は**それ自体が自明だ**、そしてエアルのミッションは完了し、任務は成功した。なぜならエアルが話したことは、今や**惑星中で**聞かれることになるのだから。そう、そのタイミングはちょうどいい。これは大きな勝利だ。あなたにとってだけでなく、惑星全てとその上のあらゆる生命体にとって！友人が私にエイリアン・インタビューを送り、私はそれを2回読んだ。私はあなたにこれを知ってほしい。これは地球の歴史上、これまで現れた資料の中で最も重要なものかもしれない」－ Nestingwave

「私はこの本を読んで、現時点ではそれを「真実であればとてつもない論争を引き起こす可能性がある、またそ

うでなければ最高の SF 作品」に分類している」－ Above Top Secret

「このインタビューにはほとんどの人が認めたくないほどの真実が含まれている！」－ Godlikeproductions

「驚いた……」

「このインタビューは本当に驚嘆するものだ。これは、私が命と宇宙とそれら全ての意味について持っていた考えを単に裏付けた。私は常に自分自身が他の全員と同じように神の「一切れ」だと思ってきた。私たちは全員永遠の全知全能の存在であり、退屈にならないように人生というゲームを体験しようとしているだけだ」－ Anonymouse

「私はそれを読むのを止めることができなかった」

「私は昨晩本をダウンロードして、それがどんな感じなのかを探るために数ページ読もうと決めた……すごい。私はそれを読むのを止めることができなかった。最終的には私は電気を消して寝なければならなかったが、半分くらいまで読んでそれが本当に興味深いと思った」－ Betlegese

編集者の前書き

エイリアン・インタビュー
リーダーズ・エディション

この特別な**エイリアン・インタビュー**の**リーダーズ・エディション**には 2007 年にマチルダから受け取ったマチルダ・オードネル・マックエルロイが書いた手紙の原本と個人記録と合衆国陸軍航空隊の機密公式インタビューの記録文書だけが含まれている。

「エイリアン・インタビュー」の本が好評であるために、この特別な**リーダーズ・エディション**は、エイリアン・インタビューの「話」を原版やデラックス書斎版に含まれている**脚注、索引目次や他の補足的な参考情報なしに**読みたい人たちのために、本の物語だけを提供するように設定されている。

ローレンス R.スペンサー

編集者

免責条項

「エイリアン・インタビュー」の本の編集者が考える限り、また事実問題としても、この本の内容はフィクションの作品である。編集者は内容が事実に基づくものであるということは全く主張しない。そして実のところ、作者とされている人が実際に存在していたことがあるということを証明することはできない。いくつかの記述された日付、場所、人と出来事は事実であるか、事実に基づくものかもしれないが、それと同じだけ多くのものが作者の個人的な画策かもしれないということを証明する証拠もない。

編集者が受け取った全ての情報、記録と記録文書は完全な原文のままで本の中で書かれている。編集者はもはや作者、つまりミセス・マックエルロイから受け取った文書の原版や原版の写しは所持していない。

本の中に含まれている資料の一部は、地球の様々な哲学と類似点があるかもしれない。なぜなら、これらの哲学の種類は記載するにはあまりにも数多く、簡単に区別をつけるにもあまりにも多くの根本的な類似点を持っている。この本は宇宙の起源、物理的な宇宙の時間の記録、不死およびまたは地球外生命体の超常現象、「エイリアン」または「神々」について論じているが、それが地球のものであろうとも地球外のものであろうとも、どのような政治主義、経済的な既得権益、科学的仮説、宗教的実践または哲学を代表する、支持する、推進する、または自分のものとすることはどのような形でも編集者の意図するものではない。

本の付録の脚注によって明確に注釈されていない限り、この本に含まれる記録と記録文書は、作者である故マチルダ・オードネル・マックエルロイによって提供された説明と文書だけに基づいている。

編集者は、この本の中の資料に基づいて読者が達する推測、推論、または結論にはどれにも全く責任を負わない。それらは唯一読者だけの責任である。

あなたにとっての真実は、あなたにとっての真実である。

ローレンス R.スペンサー　編集者

序文

「自分自身のスピリットを知らない愚か者として我々は問う:
神々が残した、隠された足跡はどこにあるのか？」

— リグ・ヴェーダ —

第一巻、第 164 篇、5a,b 行

序言

「自分自身の本質であるスピリチュアルな知覚、自己認識、能力と記憶を消去、または否定することよりも残虐な行為はあるだろうか？」

― ローレンス R.スペンサー ―

2008

献呈

この本は全ての不死のスピリチュアルな存在に捧げられる、彼らが自分自身のことをそのように知覚していようとも、していなくとも。これは過去、現在と未来の様々な時代に、様々な転生で真実の炎を燃え立たせ、宇宙の最も暗い隅に持ち込んだより偉大な存在たちの叡智、勇気と誠実さに特に捧げられる。

これはその存在たちによって作り上げられた哲学的な教えとテクノロジーだけに捧げられるのではなく、自分たちの哲学を、自分たちより劣った存在たちと銀河間と惑星レベルの政治、経済と宗教機構の利己的な既得権団体による圧倒的な無知、あからさまな敵意と好戦的な圧制に直面しても適用するという、立証され、文献に記録された勇気に捧げられるものである。

比較的少数ではあっても、そのような存在たちや共にその冒険に出た者たちの深淵な叡智と英雄的な献身性がスピリチュアルな奴隷制に対する唯一の効果的な抑止力であった。この宇宙の全ての不死のスピリチュアルな存在のための自由、コミュニケーション、創造性、信頼と真実が彼らの遺産である。彼らが示した良い模範が私たちの保護区であり、栄養である。彼らの教えの個人的で勤勉な適用が次第に小さくなる混沌と忘却の螺旋である物質的な宇宙に対する私たちの武器である。

― ローレンス R. スペンサー ―

前書き：
UFOと地球外生命体の謎

もしあなたがUFO現象を少しでも調べたことがあれば、1938年10月30日の悪名高いオーソン・ウェルズによる「宇宙戦争」と「火星人襲来」のラジオ放送には既に馴染みがあるだろう。この「エイリアン」による地球侵略の架空のラジオドラマ化は、1947年にニューメキシコ州ロズウェルの近くでUFOが墜落するはるか以前に世界的なUFOと地球外生命体ヒステリーを引き起こした。

疑惑のロズウェルでの墜落から過ぎた過去60年間の中で、何十万というUFOの目撃が報告されている。地球外生命体の現象であると推測されるものの「証拠」から世界的なヒステリーが生じた。

同時に、アメリカ政府によるこの現象への揺るぎない否定は、絶え間なく告発、逆告発、隠ぺいの陰謀論、過激派による憶測、「科学的調査」などなどがうんざりするほど相次ぎ、同じように「接近遭遇」したと主張する者がどんどんと増えることを引き起こした。

私がミセス・マックエルロイからこの文書の包みを受け取った時、私の最初の考えはこうだった：「これは単にまた別のマジェスティック12文書じゃないか」。私が言及しているのは、1947年のロズウェル事件の直後にハリー・トルーマン大統領によって結成されたと主張されているいわゆる「マジェスティック12」委員会の最後の生存するメンバーが死んだ直後に、1984年に郵便で受け取ったと伝えられる「謎の包み」である。

「マジェスティック12」文書と私がミセス・マックエルロイから受け取った包みにはいくつかの類似点がある。前者の場合、匿名の送り主から差出人住所が書かれていない封筒が送られてきた。それには未現像のフィルムが一本入っていた。それだけだった。その一本のフィルムには文書の写真が写っており、それらは自分たちの既得権、すなわち生計が、自分たちが UFO 現象の題目に関する「第一人者」であるということに世間の注意と信頼性を引き付けることに大きく頼っていた受取人と彼の同僚たちによって本物であるとみなされた。彼らはその時から、文章は本物であるという証拠を発見することに絶え間なく取り組んできた。もちろん政府機関は、文書の中で主張されていることの全てと概して地球外生命体の題目に関することの全てを否定する。

さらに、この件に関しては、あからさまな偽情報、信憑性を否定された情報源、噂、でっちあげられた嘘、誤解、情報の欠如、追加された関係のない情報と他の無数の相反する複雑性によって完全に押しつぶされてしまったため、その題目はばかばかしいもの、または科学的に近寄り難いものになってしまった。これは意図的かもしれないし、または単に人類そのものである全般的な混沌と野蛮性を反映しているだけかもしれない。

政府の否定と隠ぺいに関して言えば 2001 年 9 月 11 日の出来事で、ベトナム戦争とウォーターゲート事件や、ほとんど何から何までに関して自分の人民に対して露骨に嘘をつくアメリカの政府、軍隊と諜報機関による似たような「誠実さ」を裏切った行為を数多く体験した後も、アメリカの人民と世界が心に抱いていたかもしれないほんのわずかな信頼の痕跡もアメリカ政府によって破壊された、ということは私にとってはっきりとしている。

人類の有史前と有史のほぼ全てに行き渡る膨大な数の「UFO 目撃」、「エイリアンによる誘拐」と地球外生命体との「接近遭遇」に関する無数の報告にもかかわらず、私はこのデータの全てに浸透する共通した、統一する、否定できない、自明の共通点は一つしか見当たらなかった：

個人の主観的な現実、または信念は容認できる証拠であると仮定した上で、それが政府が認めたものであれ、物質的な証拠であれ、状況的、または主観的情報に基づいているものであれ、UFO およびまたは地球外生命体が存在するという普遍的に同意された「証拠」はない、というものである。

同意、政府の告白、またはそのようなものは本当にあるという物質的な証拠の欠如から私が推論できるものはいくつかあり、もしそれらが立証されればこの謎に関する機能する解決策に至るかもしれない:

推論:

地球上と地球の周りでの地球外生命体の活動に関する主観的、状況的と客観的な「証拠」の膨大な収集物があるにもかかわらず、地球外生命体の存在、意図と活動は隠され、謎のままである。

推論:

主観的情報、政府による告白、物質的と状況的証拠に基づいた普遍的に同意された地球外生命体の証拠は、対立する既得権団体に影響されており、それがそのような証拠を手に入れることができないものにしている。

まとめてこれらの推論は明らかな質問を乞う:

「もし地球外生命体が存在するなら、なぜ人類と地球外生命体の間で一貫した、率直な、開かれた対話式のコミュニケーションが起きていないのか?」

幸運にも主観的な現実は、証明も「証拠」も必要としていない。そのため、私は自分がミセス・マックエルロイから受け取った主観的なコミュニケーションを、これに興味があるかもしれない他の人たちに伝えるためにこの本を出版することにした。

個人的には、私は封筒と封筒の中にあった紙を除いて、私がミセス・マックエルロイから受け取ったものはどれも信頼のおけるものであると思い込んではいない。私はそれのどれも立証することはできない。実際には私は、1998 年に電話で聞いた声以外にはミセス・マックエルロイという人が存在していたことすら本当に立証することができない。誰でもその声のふりをすることができる。個人的には私は UFO 研究に関して既得権益は持っていない。確かに私は不死のスピリチュアルな存在に関してはいくつかの本を執筆してきた－なぜなら私はその題目に興味があるからだ。しかし私は、それらを書くためにかかった時間の代価を払うほど十分にそれらの本を売っていない。それは趣味に過ぎない。私は自分の生計を中小企業のコンサルタントとして得ている。

地球外生命体の存在、UFO、政府の隠された意図、またはスピリチュアルな能力の謎を知覚したり理解したりする能力の欠如を正当化したり、説明したり、改善したりすることは私の意図ではない。そしてまた、これらの現象はどれも存在するということを誰かに教えたり、説得したり、促進したりすることも意図ではない。さらにこれらのどれについても、私が考える、または考えないかもしれないことは無意味である。

その上、私はミセス・マックエルロイから受け取った封筒も含めるすべての文書の原本を燃やした。私は自分の人生の残りを UFO 研究者、政府のエージェント、スーパーで売っているようなタブロイド紙の記者、UFO を提唱する者にもインチキだという者にも、他のどのような人にも追い回されたくはない。1947 年にミセス・マックエルロイが実際にエイリアンをインタビューしたという主張を「証明」または立証するという試みは他人によってなされなければならない。

リプリーは、「信じようと、信じまいと」と言った。

私は、「あなたにとっての真実は、あなたにとっての真実である」と言う。

ローレンス R.スペンサー　編集者

この本の資料の情報源について

この本の内容は主に、私が故マチルダ・オードネル・マックエルロイから受け取った手紙、インタビューの記録文書と個人記録から引用されている。彼女の手紙は、この資料は彼女とテレパシーを通して「話した」エイリアンの存在とのコミュニケーションの回想に基づいていると主張している。

彼女は 1947 年の 7 月と 8 月の間に、彼女が「エアル」として識別し、1947 年 7 月 8 日にニューメキシコ州ロズウェルの近くで墜落した空飛ぶ円盤から助け出された士官、パイロットとエンジニアであり、今もそうであると主張する地球外生命体とインタビューをした。

明らかに、この最も有名な、または悪名高い「空飛ぶ円盤」、または「エイリアンとの遭遇」事件についてどのようなものでも読む人は、以下のものに対してとても懐疑的でなければならない。1)報告書の信憑性。そして2)情報源の信頼性。それが起きたとされる事件の 60 年後になって初めて現れれば特にそうである！

私は、前述のミセス・マックエルロイからの手紙を一包みの文書と一緒に 2007 年の 9 月 14 日に受け取った。その包みには三種類の文書が入っていた：

1）ありふれた、線の引かれた、8.5 インチx11 インチの学校で使われるノートブックの紙に、ミセス・マックエルロイ自身によって書かれたと推測される草書体の手書きのメモ。

2）無地の白い 20 ポンドの上質紙に、彼女が個人的に作成したと推測される手動タイプライターで打たれたメモ。少なくとも両方とも見かけでは一貫として同じ筆跡で書かれていた、およびまたは同じタイプライターで打たれていた。私が受け取ったノートの筆跡は、アイルランドのナヴァンから受け取った 2007 年 9 月 3 日の消印があった茶封筒に書かれていた住所と差出人住所の筆跡と同じであるように見えた。私は犯罪科学の専門家、または筆跡鑑定人でもないため、これらの事項に対する私の意見は専門家の資格を持った人の意見ではない。

3)タイプライターで打たれた彼女のエイリアンとのインタビューの記録文書の多数のページ。これらは明らかに別のタイプライターで打たれていた。これらのページは違う種類の紙に打たれており、劣化と繰り返し手で触れられた明白な跡があった。

これらのノートはどれをとっても、彼女の説明、または前置きの文や段落によって示唆されている、またはページの内容から推定できる時を除いて、特定の順序または日付に基づいてまとめられているわけではなかった。

ヴォルテールは「歴史は嘘のミシシッピ川である」と述べたと伝えられる。ミセス・マックニルロイが提供したインタビューの記録文書の中でエイリアンが述べた意見によれば、歴史の根本的な教訓とは、本当にたくさんの神々が人になったが、もしいたとしても本当に少数の人しか再び神に戻ることはできていないというものである。

もし彼／彼女／それ、が伝えたことをどれをとっても信頼できるのであり、もしこの起きたとされるコミュニケーションの通訳、または翻訳が正確であれば、このエイリアンの存在－エアルーによれば、宇宙の歴史は「嘘の河」であり、全能な、神のような不死のスピリチュアルな存在たちの力と自由はその河を下って終焉し、物質と死すべき運命の海の中に失われてしまったのである。

さらに、－そのエイリアンの「個人的な意見」を表明しているように思われる－とても率直で非外交的な供述によれば、もし「地獄」という場所を探し、宇宙の奥地を旅したとしたら、それは現在の状況下の地球とその住人たちの正確な描写になるのである。

以下の事実が、私がミセス・マックエルロイから受け取った「インタビューの記録文書」の源の「信じ難さ」の度合いをさらに増し、複雑にし、大きくしている:

1)それらはほぼ全て、エイリアンとミセス・マックエルロイの間の「テレパシーによるコミュニケーション」に基づいている。

2)これらのインタビューの多くは、不死のスピリチュアルな存在たちの「超常現象」について論じている。

もちろん、ほとんどの「科学的な権威」は、どのような形でもスピリチュアルな現象を認めたり、知覚したりすることは不本意である。

「超常現象」という言葉の辞書の定義は:

形容詞:

1. 科学的方法では説明することができないもの。

2. 超自然の、または一見「普通」の感覚チャンネルの外にあるもの。

定義により、「超常現象」という言葉を使う人々は 1)スピリチュアルな現象を説明することができない。そして 2)スピリチュアルな現象は彼らの普通の感覚チャンネルの外にある。

要するに、科学者たちはスピリチュアルな活動を知覚、および説明することに対する能力の欠如、およびまたは不本意さを患っている。そのため、この本の中で論じられるスピリチュアルな活動、またはスピリチュアルな宇宙はそのようなものを知覚することができ、そうする者たちだけが理解するものと期待されている。

いくつかのインタビューの中でエイリアンが話した時間の範囲によれば、宇宙、地球、生命体と出来事の起源と古さに関して地球の科学者たちは多くのとんでもない計算間違いを起こした可能性があると示唆する多数の説得力があり、これまで知られなかった理由がある。もちろんこれらも正しいかもしれないし、正しくないかもしれない。なぜなら時間とそれの醜い継子である歴史は概して主観的だからだ。

しかしながら、星間の、または「大宇宙的な時間」とは対照的に、地球の住人たちの歴史的な視野は、宇宙旅行文明の年代記の中で「最近の出来事」とみなされるもの、ましてや宇宙の時間の長さの全てに比べたら、比較的微小な時間の期間であると観察することができる。

科学者たちの最善の推測では、地球の地質記録は約 40 億年でしかないとされている。考古学の教科書では、ホモ・サピエンスの古さは長くともたった数百万年と推測されている。生活形スペクトルの全てですらこの惑星では数億年しか存在していないとみなされている。そして全般的に見て、この惑星の個々人の個人的な記憶はたった一つの人生に限られている。

この本の中で挙げられている他の全ての日付、出来事、または解釈は全て地球の情報源からのものであり、それらは純粋に作者も含めた人間の主観的観察、憶測、または考案したものであり、地球の住人たちの先見の明のなさ、自己中心性と我々が居住している複数の宇宙に関する全般的な無知という強い傾向を考慮すれば、読者がそれらを適切に信用するか信用しないかを決めなければならない。

この本はエイリアンの宇宙船士官、パイロットとエンジニアと陸軍航空隊の外科看護師の間の一連のインタビューが起きた 60 年後に私に提供された情報の非公式の発表であるように意図されている。

ローレンス R.スペンサー　編集者

マチルダ・オードネル・マックエルロイ

人物紹介

私はミセス・マックエルロイ本人と会ったことはなく、一度電話上で彼女と約 20 分間話しただけであるため、彼女が信用できる情報源であると個人的に保証することはできない。実際には、私が彼女と電話で話し、アイルランドに実際にある住所から郵送された手書きの資料を受け取ったということ以外は実際にそのような人が存在していたということを立証することはできない。

私は 1998 年に彼女と電話で話した。私たちの短い電話インタビューが行われた当時、ミセス・マックエルロイは、モンタナ州グラスゴーにあるスコッティプライド・ドライブに住んでいた。私がこれを知っているのは、自分の著書「ザ・オズファクターズ」が 1999 年に出版された時に、その中の一冊を彼女に贈物として郵送したからである。私は彼女がその本を受け取ったことを確信している。なぜなら、私がアイルランドから受け取った手紙の中で彼女はその名前に言及しているし、それを読んだと言っている。

私は自分の好奇心のために、インターネットでモンタナ州グラスゴーについて少し調べた。グラスゴーは 1888 年に鉄道労働者の町として建設され、1930 年代にフランクリン・ルーズベルト大統領がそこにフォートペック・ダムが建設されるよう要請し、それがグラスゴー周辺にとって巨大な雇用の源となったため、とても人気のある場所になった。1960 年代には、ベトナム戦争と「冷戦」初期に使われたグラスゴー空軍基地(戦略空軍)のおかげで人口は 1 万 2000 人にまで栄えた。その基地は 1969 年に解散され、閉鎖された。

私が電話でミセス・マックエルロイと話した時、彼女は自分の軍務が終了した時にアメリカ空軍によってそこに移され、そこでエンジニアであった夫と出会ったと話していた。彼女は彼の名前は言わなかったと私は思う。しかし彼は、巨大なフォートペック湖を生み出したフォートペック・ダムの建設に従事した。ダムは1940年に完成したが、彼は魚釣りが得意でアウトドアの活動がとても好きだったため、その地域にとどまった。その場所のアイルランド文化の伝統と関係あるのではないかと私は推測したが、その点については彼女を追及しなかった。私はダムで働いていた人の中で「マックニルロイ」の記録を見つけることはできていない。しかし私が調べた限り、その時代の人員記録はほとんど皆無である。

私が「ザ・オズファクターズ」の本の取材で彼女に連絡を取ったのは、とても遠回りな一連の調査の中で、この女性がエリア51、またはロズウェルの墜落現場、またはそれに似た何かでエイリアンとのコンタクトに関与していたと疑われているとの思いに至ったからである。

一連の状況的な推論と予想外の紹介により、私は実際に電話帳の中で番号を見つけ、もしかしたら本当にそのような人がいるかもしれないのでそこに電話した。

言うまでもないが、私が彼女に電話をした時、私の質問に対する彼女の反応は積極的ではなかった。しかしながら、自分の本のために情報を得たいという純粋で悪意のない誠実さに対して彼女は感銘を受け、どのような形でも彼女を利用する非道、または金銭を動機とする目的や理由はないということに気づいたのだと思う。

とはいうものの、その時は、彼女は1947年に陸軍に入隊しており、ニューメキシコ州に駐屯していたということ以外は私には何も優良な情報は与えなかった。

彼女の命が黙秘を続けることに左右されていたため、彼女はどのような事件についても、全く何も話すことはできなかった。これは私の興味をさらにそそったが、彼女にこれ以上要求するのは無駄であったため、去年の９月に私がアイルランドから包みを受け取るまで私は彼女のことはあきらめ、忘れていた。

私は包みに書かれていたアイルランドにある差出人住所で彼女に連絡を取ろうとしたが、彼女から返答は受け取らなかったし、アイルランドのミース州で彼らのどちらとも知り合いである人を誰も見つけることができていない。例外は、実際には証拠はないが同時に起きたと思われる彼らの死の数週間前から彼らが部屋を借りていた女家主である。

しかしながら、彼女が私に送った封筒の消印は、上記の日付にアイルランド、ミース州ナヴァンの郵便局で押されていた。封筒に書かれた差出人住所には実際に住宅があるため（グーグルマップによれば）私はその住所に手紙を書き、家主によってミセス・マックエルロイと名前が「ポール」であると分かった彼女の夫は二人ともつい最近に亡くなったということを教えられた。彼女は、ミセス・マックエルロイと彼女の夫の遺灰はアスボイロードの聖フィニアン墓地に埋葬されたと言った。

その後私は、彼女の旧姓のオードネルではどのような記録も見つけることはできていないし、彼女の死の直前のアイルランドでの女家主（彼女は親戚ではない）を除いて、彼女の出生、医学教育、軍での経歴、結婚と死を確認できる個人的な友人、家族または資料を見つけることもできていない。私はこれが、彼女の記録で言及されている、彼女がロズウェルを離れた時に軍によって与えられた偽の身分ではないかと疑っている。

どちらにせよ、恐らく彼女の身元と彼女の存在の証拠は、全て公式記録から抹消されたようである。特定の政府機関は、証拠を隠ぺいしたり、記録（と人）を消したりすることに関してとても熟練しているということを私は聞いている。ロズウェルでの出来事は機密事項であるという性質上、彼女の場合そのようなことが行われた可能性が高い。そしてそれは他の全ての「隠ぺい」疑惑と一貫としている。

そのために、私はこれまで言及したもの以外では、ミセス・マックエルロイが私に送ったこれらの「インタビュー」の記録のどれをとっても証明したり、立証したりするような詳しい情報は持っていない。読者が用心し、それ相応に注意しなさい！

ローレンス R. スペンサー

編集者

翻訳上の注意点

マチルダが速記者にインタビューの内容を伝える過程には、自分が感じ取ったことを話している時、エアルが伝えたことを補足している時、エアルが一人称で伝えたことをそのまま伝えている時があります。二人の区別が難しい箇所もあり、突然変わることもあります。

エアルが一人称で伝えたことは、口調を変えること、エアルの言葉を直訳することによって表現しました。その理由はエアルはエイリアンであり、コミュニケーションはテレパシーによる直接的なものであったからです。また、読みやすさを優先するあまり、言葉や文章の構成を変えることは元の意味を変えてしまうことにつながるからです。

また、マチルダから送られてきた文章には手書きのものと、タイプライターで打たれたものがあります。その違いはフォントを変えることで区別をつけました。

有馬　知志

翻訳者

ミセス・マックエルロイからの最初の手紙

2007年8月12日

親愛なるローレンスへ、

軍隊から除隊された後に私が購入した古いアンダーウッドのタイプライターでこの手紙を打っています。それはこの手紙とこの封筒に同封された文書の題目になぜだかふさわしい対象のように思えます。

最後に私があなたに話したのは8年前ぐらいですね。私との短い電話インタビューの中であなたは執筆中だった「ザ・オズファクターズ」の本の取材で私に助力を求めました。なぜならあなたは、地球外生物が地球の歴史に影響を与えた可能性に関する調査に役立つ何かを私が知っているかもしれないと疑っていたからです。私たちが話した時、私はどのような事柄についてもあなたに教えることができる情報はありませんと言いました。

その後、私はあなたの本を読み、とても興味深くて説得力があると思いました。明らかにあなたはしっかりと下調べをした人で、私自身の体験を理解できる人です。私たちの電話でのやりとりであなたが「大いなる力には大いなる責任が伴う」と分かりやすく言い換えることによって古の哲学者をほのめかしたことについてよく考えます。力は私の人生にも、私があなたに同封された文書を送った理由にも関係ないと思いますが、あなたは確実に私に自分の責任について考えさせるようにしました。

私は自分の態度を考え直しました。それには様々な理由がありますが、その中でもあなたは正しかったと私が気付いたことは小さくありません。少なくとも私は自分に対して責任があります。私が1947年から耐えてきた道徳的な不決断とスピリチャルな葛藤という個人的な地獄をあなたに伝えるのは不可能です。私は「もしかしたら私はそうするべきだったかもしれない、いや、もしかしたら私はそうするべきでなかったかもしれない」というゲームを永遠に遊び続けたくはありません！

私が今に至るまで社会から抑えることに貢献してきた知識が暴露される可能性を消し去るために、多くの人が殺されてきました。私が苦労して60年間も秘密にし続けたことを目撃し、聞いた人はこの地球には本当に一握りしかいません。長年私は、私たちの政府の「権力者」から多大な信任を委ねられたと思ってきました。ではあるけれども、知性のある地球外生命体は存在するだけでなく、彼らはこれまで毎日地球上の全員の命を積極的に監視し、侵入してきており、今もそれを続けているという特定の知識から人類を「守る」ために権力は大いに誤った方向に向けられてきたと頻繁に感じることがありました。

そのため、私の秘密の知識を、私が理解すると思う人に手渡す時が来たと思います。私が持っている知識を、入手も認識も不能な無言のあの世に持っていくことを責任ある行動とは考えていません。この情報を意味不明な「国家安全」の事柄と見なし、それにより「最高機密」扱いにする正当な理由としている「既得権団体」を守るよりも大きな正義を果たすと思います。

さらに、私は現在83歳です。私は自分にとって役に立たなくなってもまだ生きているこの体から自己投与による安楽死を使って去ることにしました。私には後ほんの数カ月の命しかありません、また恐れるものや失うものは一つもありません。

そのため、夫の実家の祖国であるアイルランドのミース州にある素敵な二階の借部屋で私たちの残りの日々を過ごすために、私は夫とともに二人で人生の大半を過ごしたモンタナから離れました。

私はノウスとドウスにある「大墳丘墓」、「闇の妖精の墳丘墓」からそれほど遠くない場所で死にます。これらは神聖な「石塚」または巨大な石の建造物であり、紀元前 3700 年頃に建設され、解読不能な象形文字が刻まれています—これはピラミッドやその他の説明できない石碑が地球のあらゆる場所で建設されていた時代とほぼ同じです。

私はまた、かつては先史と有史で 142 人の王が治世したといわれている古の権力の座である「タラの丘」からも遠くありません。古代アイルランドの宗教と神話ではここは「神々」の神聖な居住地であり「あの世」への入り口でした。

聖パトリックは、異教徒たちの古代宗教を征服するためにタラに来ました。彼はその地域の宗教的実践を抑圧したかもしれませんが、あなたが同封された文書を読んだ時に発見するように、彼は確実に、これらの文明を地球にもたらした「神々」には何の影響も与えませんでした。そのため、ここは私がこの神聖でない世界から立ち去り、この人生の重荷からの最後の解放を体験するのにふさわしい場所です。

過去を振り返って見た非常に明瞭な視点は、私により崇高な目的を明らかにしてくれました：この惑星と私たちの銀河系の中のあらゆる生物と生命体の生存に役に立つことです！

私たちの政治体制の現状維持は、そのような事柄について知ることから「人民を守る」ためのものでした。実際には、無知と秘密主義が提供する唯一の防御は、他人を奴隷にするという権力者たちの秘密の計略を隠すということです。

そしてそうすることによって迷信と愚かさを通して全ての敵と協力者と見なされた者から武器を取り上げるのです。

そのため、私はあらゆる人、私の家族からすら隠し続けてきた事柄に関する私の個人的な記録と回想の原文と唯一存在している原稿を同封しました。私はまた、自分が持っているタイプライターで打った記録文書の写しを同封しました。それは各インタビューが終わった後、エイリアンの円盤パイロットとの私のインタビューを全て文字に起した速記者によって作成されたものです。私は自分のインタビューの報告を録音したテープの複製は一つも持っていません。私が公式なインタビューの記録文書を秘密に保持することができたということを知っている人は今現在までは誰一人としていませんでした。

あなたが適切だと思うあらゆる形や方法で世界に伝えるために、私は今これらの文書をあなたの裁量に委ねます。私の唯一の頼みは、可能であればあなた自身の生命や幸福を脅かさない方法でそれをやることです。もしあなたがこれらの私の体験記録を創作物、例えば小説などに組み込めば、その題材の事実に基づく本質は、「国家安全」を精密な調査と正義に対する個人的な盾として使うあらゆる機関によって、簡単にはねつけられたり、信頼できないものとしたりすることができます。

そうすることにより、あなたはそれの本当の源を「知っていることを否定」することができ、それはあなたの想像の産物である作り話だと主張することができます。「真実は小説より奇なり」と言った人は「完全に正しかった」のです。ほとんどの人にとってこれら全ては「信じられない」でしょう。残念ながら、信条は現実の信頼できる基準ではありません。

また、もしあなたが自由よりも肉体的、経済的、またはスピリチャルな奴隷制を好む人にこれらの記録を見せたとしたら、それに含まれた題目は全く好ましくないように思われることを私は確信しています。もし、あなたがこの文書を新聞や夕方のテレビニュースの中で事実に即した報道として公表しようとしたら、それらは直ちに変人の仕業として排斥されるでしょう。

これらの文書の性質そのものがそれらを信じられないものにしており、そのため信憑性を失わせることができるものにしているのです。逆に言えば、この情報の公開は特定の政治的、宗教的と経済的な既得権団体にとって壊滅的である可能性があります。

これらの文書はあなたのエイリアンとの遭遇と超常現象に対する興味と調査にかなり関連する情報を含んでいます。「ザ・オズファクターズ」の本にあるあなたの比喩を使い、「エイリアン」の影響力に関する他の人たちによる数少ない事実に基づいた報道は、地球の周りで渦巻いている黙示録的な台風の目の中の穏やかなそよ風でしかないと私は正直に言うことができます。宇宙には魔法使い、悪い魔女と空飛ぶ猿が実際にいるのです！　とても長い間、本当に多くの人々が疑い、および憶測してきたこの情報は常に主流のメディア、学会とアイゼンハワー大統領が離任演説で私たちに警告した軍産複合体によって否定されてきました。

ご存知の通り、1947 年 7 月にロズウェル陸軍飛行場（RAAF）は、飛行場に所属する第 509 爆撃大隊の兵員がニューメキシコ州ロズウェルの近くにある農場で墜落した「空飛ぶ円盤」を回収したという報道発表をし、メディアの過熱報道を引き起こしました。

同日の後刻に、第 8 空軍の総司令官が、最初に残骸の回収にかかわったジェシー・マルセル少佐はボロボロの気象観測気球の断片を回収しただけだったと述べました。事件の真相はその時以来、合衆国政府によって隠されてきました。

あなたが知らないかもしれないのは、私が当時は合衆国陸軍の一部であった合衆国陸軍航空隊婦人部隊（WAC）医療隊に入隊していたことです。事件当時、私は搭乗看護師として第509爆撃大隊に配属されていました。

墜落があったというニュースが基地で受信された時、私は防諜機関の士官であるミスター・カビットの車の運転手として墜落現場まで彼に同行し、必要であれば必要とされる緊急医療手当を生存者に施すように求められました。そのため、私は少しの間、エイリアンの宇宙船の残骸ともう既に死んでいた飛行船のエイリアン乗組員たちの遺体を数体目撃しました。

私たちが到着した時、その飛行船の乗組員の一人が墜落を生き延び、意識があり、一見怪我していないようだったということを私は知りました。その意識を持ったエイリアンは、他のエイリアンたちと外見は似ていたけれども同じではありませんでした。

その場にいた他の職員たちは誰も生存者とコミュニケーションを取ることはできませんでした。なぜなら、その存在は言語、または何らかの認識できる手話を使ってコミュニケーションを取ることができなかったからです。しかし、私が「患者」を負傷しているか検診している間、私はこのエイリアンの存在は、その存在のマインドから直接投影された「精神的なイメージ」または「テレパシー的な思考」で私とコミュニケーションを試みているということをすぐに感知し、理解することができました。

私はすぐにこの現象をミスター・カビットに報告しました。その場にいた者たちでは他には誰もこれらの思考を知覚することができなかったこと、またそのエイリアンが私とコミュニケーションを取ることができ、その意思もあるように思われたため、上官との短い協議の後、私がその生存したエイリアンに同行して基地に戻ることが決まりました。

これは部分的には私が看護師であり、エイリアンの体を看護できることや脅威と見なされない伝達者と同行者という役割を果たすことができたからでした。何しろ、私は現場にいた唯一の女性で、唯一武装していない人間でした。その後、私はいかなる時もエイリアンの「コンパニオン（世話人）」として勤務するよう恒久的に任命されました。

私の任務はエイリアンとコミュニケーションを取り、インタビューし、私が発見した全てを指揮権者たちに完全に報告することでした。それ以降、私に軍事と非軍事の人員が用意した特定の質問のリストが提供され、私がエイリアンにそれらを「通訳」し、提供された質問への答えを記録するとのことでした。

私はまた、そのエイリアンが受けた医学的検査と複数の政府機関のスタッフによる他のたくさんの検査の時にも常にそのエイリアンに同行しました。

私はこの極めて特異な任務のために、機密情報取扱許可の格付けを上げるために曹長に昇進され、給与等級を月54.00 ドルから月 138.00 ドルに上げられました。私はこれらの任務を 1947 年 7 月 7 日から、私の記録の中であなたが読むことになるように、そのエイリアンが「死んだ」または「体」から去った 1947 年 8 月まで遂行しました。

常に軍関係者、諜報機関の人間や時々様々な他の当局者が居合わせていたため、私はそのエイリアンと完全に二人だけになることはありませんでしたが、ほぼ 6 週間中断なしにそのエイリアンの存在にアクセスし、コミュニケーションを取ることができました。

以下は私が「Airl」（エアル）という自己認識として知ることになったエイリアンの飛行船パイロットとの「会話」の私の個人的な回想の概観と要約です。

私は現時点での自分の任務は、地球市民にとっての最善の利益のために、60 年前に彼女が「死んだ」または去った記念日に、あの 6 週間で私がエアルとの交流で学んだことを公表することだと感じています。

私は陸軍航空隊の看護師として勤務していましたが、私はパイロットでも技術者でもありません。さらに、私は当時もその後にも、その宇宙船、または墜落現場から回収された他の物質に直接的に接触はしていません。そのために、私が「エアル」と取ったコミュニケーションに対する自分の理解は、私が知覚することができた思考と精神的なイメージを解釈する自分の主観的な能力に基づいているということを考慮に入れなければなりません。

私たちのコミュニケーションは従来の意味での「話し言葉」で構成されるものではありませんでした。実際にはそのエイリアンの「体」には、それを通して話すことができる「口」はありませんでした。私たちのコミュニケーションはテレパシーによるものでした。最初は、私はエアルをはっきりと理解することはできませんでした。私はイメージ、感情と印象を知覚することはできましたが、私にとってそれらを言葉にして表現するのは難しかったのです。いったんエアルが英語を学ぶと、彼女はシンボルや私が理解できる言葉の意味を使って、より正確に彼女の思考に焦点を合わせることができるようになりました。英語の学習は私への計らいとして行われました。それは彼女より私のために利益になることでした。

私たちのインタビューのセッションが終った頃には、またそれ以降はより一層に、私はテレパシーによるコミュニケーションに慣れ親しむようになりました。私はエアルの思考を、まるでそれが私自身の思考であるかのように理解するのがよりうまくなりました。どういうわけか、彼女の思考は私の思考になりました。彼女の感情は私の感情になりました。しかし、これは彼女が自分の個人的な宇宙を私と共有する意欲と意図によって制限されています。彼女は、私が彼女からどのようなコミュニケーションを受信することを許されるのかを選択することができます。同様に彼女の体験、訓練、教育、関わりあいと目的は彼女独自のものです。

ドメインはある種族、または文明であり、私がインタビューしたエイリアンのエアルは、その中のドメイン遠征軍に勤務する士官、パイロットとエンジニアです。そのシンボルが象徴しているのは、既知の宇宙の源と無限の境界線が、ドメイン統制の下で広大な文明として結束し統合されているということです。

エアルは現在、地球の太陽系の中の小惑星帯にある、彼女が「宇宙ステーション」と呼んだ基地に駐留しています。第一に、何においてもエアルは彼女自身です。第二に、彼女はボランティアとしてドメイン遠征軍の士官、パイロットとエンジニアとして勤めています。その地位上、彼女には任務と責任がありますが、彼女には好きなように去来する許可が与えられています。

どうかこの資料を受け取り、そしてできるだけ多くの人に知らせてください。繰り返しますが、この資料を所持することによってあなたの生命が危険にさらされることは私の意図ではありません。さらには、あなたがそれを少しでも信じることを私はそれほど期待していません。しかし、あなたはそのような知識が、その現実に直面する意志と能力がある者にとって持つかもしれない価値を認めることができる人であると私は感じています。

人類はこれらの文書に含まれている質問に対する答えを知る必要があります。私たちは誰なのか？　私たちはどこから来たのか？　地球での私たちの目的は何なのか？　人類は宇宙で独りなのか？　他の場所に知的生命が存在するのであればなぜ彼らは私たちに接触していないのか？

地球に対するエイリアンの介入による、はるか昔から続く広範囲な影響を取り除くために効果的な行動をとらない場合に起きる、私たちの肉体的とスピリチャルな生存に対する壊滅的な結果を人々が理解することは極めて重要です。

もしかしたらこれらの文書の中の情報は、人類にとってより良い未来への飛び石としての役目を果たすかもしれません。あなたがこの情報の配布に関して私より賢く、創造的で、勇敢であることができることを祈っています。

神々があなたを祝福し保つように。

ミセス・マチルダ・オードネル・マックエルロイ
陸軍航空隊婦人部隊医療隊
曹長、退役
アイルランド、ミース州
ミース、ナヴァン
トロイタウンハイツ 100

第一章

エイリアンとの

私の最初のインタビュー

（マチルダ・オードネル・マックエルロイの個人記録）

エイリアンが基地に戻された頃には、私は既に彼女と数時間過ごしていました。私が言及したように、私たちの間では、私が彼女のコミュニケーションを理解できる唯一の人間であったため、ミスター・カビットが私にエイリアンと一緒にいるように言ったのでした。私はこの存在と「コミュニケーション」できる自分の能力を理解することができませんでした。私はそれ以前には誰かとテレパシーによるコミュニケーションを体験したことは一度もありませんでした。

私が体験した非言語的なコミュニケーションは、子供、または犬があなたに何かを理解してもらおうとしている時に得るかもしれないような理解に似ているけれども、それよりもはるかに、はるかにもっと直接でありパワフルでした！　「言葉」を話す、または手話で表現されることはなかったにもかかわらず、それらの思考の意図は私にとって間違えようのないものでした。私は思考を受け取っていたのではあるが、必ずしもその意味を正確に解釈していたわけではない、ということを私は後に気付きました。

そのエイリアンの存在は、士官とパイロットという彼女の地位の性質上、彼女自身の「部隊」または組織によって義務付けされている安全保障と機密保持の職務のために技術事項について話す意思がなかったのだと私は思います。任務中に「敵」によって捕らえられた兵士は誰でも、極めて重要な情報を与えない義務があります、もちろん尋問、または拷問をされてでも。

しかしそれにもかかわらず、私はそのエイリアンの存在が本当は私から何かを隠そうとしていたのではないと常に思ってきました。私は単にそのフィーリングを一度も感じませんでした。私にとって彼女のコミュニケーションは常に正直で誠実と思われるものでした。しかしながら、絶対にそうだと知ることはできないでしょう。私は疑いなくそのエイリアンとユニークな「きずな」を共有していたと感じています。それはあなたが患者、または子供と共有する「信頼」または共感の類だと思います。これは、そのエイリアンは私が本当に「彼女」に興味を持っており、害する意図もなく、また私に止められるものであれば彼女に害が及ぼされるのを許さない、ということを理解することができたからだと思います。これもまた本当のことです。

私はそのエイリアンを「彼女」と呼びます。実際には、その存在は生理学的にも心理学的にも、全く少しも性的ではありませんでした。「彼女」はやや強い女性的な存在感と様子は持っていました。しかし、生理学的な観点からは、その存在は「無性」であり内部にも外部にも生殖器官は持っていませんでした。彼女の体は「ドール（人形）」または「ロボット」により近いものでした。内部の「臓器」はありませんでした。なぜならその体は、生物的な細胞で構成されていなかったからです。それには体の至る所に張り巡らされた一種の「回路」系、または電気的神経系があったけれども、私はそれがどのように機能しているのかは理解することができませんでした。

身長と外見においてその体は背丈がかなり低くて小柄でした。身長は約 40 インチ（約1．2メートル）でした。細かった腕、足、胴体に比べて頭は不均衡に大きかったです。いくらか物をつかみやすい 2 本の「手」と「足」には各 3 つの「指」がついていました。頭には機能する「鼻」、「口」または「耳」はありませんでした。宇宙には音を伝導する大気がないため、宇宙士官はそれらを必要としていないということを私は理解しました。そのため、音と関連する感覚器官は体に組み込まれていません。そしてまた、体は食物を摂取する必要がありません、そのため口が欠如しています。

目はとても大きかったです。目がどれほどの視力で見ることができるか、私は正確に測定することはできませんでしたが、彼女の視覚は非常に鋭いに違いないということに気付きました。目のレンズはとても暗くて不透明であり、可視光スペクトルを超えた波や粒子を感知できたのかもしれないと私は思います。私はこれが電磁スペクトルの全領域、またはさらにそれ以上を含んでいたと疑っていますが、それを確実には知りません。

その存在が私を見た時、彼女の眼差しはまるで彼女が「X 線の透視能力」を持っているかのように私を完全に突き抜けるかのようでした。彼女には性的な意図は全くないと気付くまでは、最初のうちはこれをちょっと恥ずかしいと感じました。実際には、彼女は私が男性または女性であるという思考すら一度も持たなかったと思います。

その存在と短い時間を一緒に過ごした後、一見して明らかになったのは、彼女の体は酸素、食物、または水や他のあらゆる外部からの栄養分やエネルギーを必要としていないということでした。この存在は自分自身の「エネルギー」を供給し、それがその体を動かし、操作していたということを私は後になって知りました。最初の内はちょっと不気味でしたが、私はその考え方に慣れました。それは、とても、とても簡素な体です。私たちの体に比べたらそれにはあまり多くのものはついていません。

エアルは私に、それはロボットのように機械的ではない、また生物的でもない、ということを説明しました。それはスピリチャルな存在としての彼女によって直接動かされています。専門的に、医学的な視点からに、私はエアルの体は「生きている」と呼ぶことすらできないと言うことができます。彼女の「ドール」ボディは細胞やその他もろもろの生物的な生命体ではありません。

それには灰色の滑らかな肌、または覆いがありました。その体は温度、大気の状態と気圧の変化に対して高い耐性がありました。手足は非常に虚弱で、筋肉組織がありませんでした。宇宙には重力がありません、そのため非常に小さな筋力しか必要とされていないのです。その体はほぼ、宇宙船の中、低重力、または無重力環境の中だけで使われていました。地球は重い重力を持っているため、その体はあまりうまく歩きまわることができませんでした。なぜならその足はその目的にはあまり向いていなかったからです。しかしながら、手と足はとても柔軟性があり敏捷でした。

私のエイリアンとの最初のインタビューの前に、その区域は一夜のうちに忙しい活動の中心地に変貌していました。12 人が照明やカメラの機材の設置に取り組んでいました。映画撮影用のカメラ、マイクとテープレコーダーもまた「インタビュー室」に設置されました。（私はなぜマイクが必要とされていたのかは理解できません、なぜならエイリアンと交わすことのできる言語コミュニケーションはなかったのですから。）それから速記者がおり、数人が忙しくタイプライターを打っていました。

私は、自分のエイリアンとコミュニケーションを取る試みを支援するために、外国語通訳の専門家と「暗号解読」チームが夜の間に基地に飛行機で送られたということを告げられました。それからエイリアンを検査するために数人の医療関係者ー様々な分野の専門家ーがいました。そして質問を考案し、答えを「解釈」するのを助けるための心理学の教授がいました。私はただの看護師であったため、「資格のある」通訳者とは見なされませんでした。そこにいた者の中で、そのエイリアンが考えていることをどんなものでも理解できる唯一の人だったにもかかわらずです！

その後、私たちの間でたくさんの会話が交わされました。各「インタビュー」は、後に私が自分の記録の中で話すように、私たちの間の相互理解を急激に増大させました。基地の諜報士官によって私に用意された質問に対する答えを、私はインタビューが終わった直後に速記者に結果報告し、これはそれが書かれた最初の記録文書です。

(インタビューの公式記録文書)

機密

合衆国陸軍航空隊公式記録文書
ロズウェル陸軍飛行場、第509爆撃大隊
件名:エイリアン・インタビュー、1947年7月9日

質問ー「あなたは負傷しているだろうか?」

答えーいいえ

質問ー「あなたはどのような治療を必要としているのか?」

答えー必要ない

質問ー「あなたは食べ物、水、またはその他の栄養が必要だろうか?」

答えーいいえ

質問ー「あなたには空気の温度、大気中の化学物質の含有量、空気圧、または老廃物の排泄のような特別な環境要求事項はあるだろうか?」

答えーいいえ。私は生物的な存在ではない。

質問ー「あなたの体、また宇宙船は人間や他の地球の生命体に害を及ぼす細菌を運んでいるだろうか？」

答えー宇宙に細菌はない。

質問ー「あなたの政府はあなたがここにいることを知っているだろうか？」

答えー現時点では知らない

質問ー「あなたの種族の者たちはあなたを見つけに来るだろうか？」

答えーはい

質問ー「あなたの民族の兵器性能は？」

答えー非常に破壊的

私は彼らが持っているかもしれない武器や兵器類の詳細な性質は理解できませんでした。しかし彼女の返答には悪意のある意図は少しも感じませんでした、それはただ事実を述べていました。

質問ー「なぜあなたの宇宙船は墜落したのか？」

答えーそれは大気からの放電に当たり、それが我々にコントロールを失わせる原因となった。

質問ー「なぜあなたの宇宙船はこの領域にいたのか？」

答えー「燃える雲」／放射能／爆発の調査

質問ー「あなたの宇宙船はどうやって飛ぶのか？」

答えーそれは「マインド」を通してコントロールされる。「思考命令」に反応する。

「マインド」または「思考命令」がこの思考を表現できる、私が考えられる唯一の英語の言葉です。彼らの体と、私が思うにその宇宙船は、彼ら自身の思考を通してコントロールされる電気的な「神経系」を通して直接つながっています。

質問ー「あなたの民族はどのようにお互いとコミュニケーションを取るのか？」

答えーマインド／思考を通して

「マインド」と「思考」の言葉を一緒に組み合わせたものが現時点では、私が考えられる、その考え方の表現に最も近い英語の言葉です。しかしながら、私にとってとてもはっきりとしていたのは、彼女が私とコミュニケーションを取っているのと全く同じように、彼らは直接マインドからコミュニケーションを取るということです。

質問ー「あなたにはコミュニケーションのための書き言葉、またはシンボルはあるだろうか？」

答えーはい

質問ー「あなたはどの惑星から来たのか？」

答えードメインの故郷／発祥地の世界

私は天文学者ではないため、星、銀河、星座や宇宙の中の方向に基づいて考えるすべがありません。私が受信した印象は巨大な銀河団の中心にある、彼女にとって「故郷」または「発祥地」のような惑星でした。「ドメイン（統治領域）」が、彼女が自分の出身地に対して持っている概念、イメージと思考を表現するのに私が考えられる最も近い言葉です。それは容易に「テリトリー（領土）」または「レルム（領域）」と呼ぶこともできます。しかしながら、私はそれがただの惑星、太陽系、または星団ではなく膨大な数の銀河だったと確信しています！

質問ー「あなたの政府は、我々の指導部に会うために代表を送るだろうか？」

答えーいいえ

質問ー「地球に関するあなたの意図は何か？」

答えードメインの所有物を保存／保護する

質問ー「あなたは地球の政府と軍事施設について何を学んだのか？」

答えー貧弱／小さい。惑星を破壊する。

質問ー「なぜあなたの民族は自分たちの存在を地球の人々に知らせていないのか？」

答えー見る／観察。接触はなし。

私は、地球の人々との接触は許可されていないという印象を受けましたが、私が受けた印象を正確に伝える言葉、または発想を考え付くことができませんでした。彼らは私たちをただ観察しています。

質問ー「あなたの民族は以前に地球を訪れたことはあるのか？」

答えー周期的／観察を繰り返す。

質問ー「あなたはどれだけ長い間地球について知っていたのか？」

答えー人間よりもはるか前から

私は「有史以前」という言葉の方が正確であるか確信は持てませんが、それは確実に人間が進化する以前のとても長い時間でした。

質問ー「あなたは地球の文明の歴史について何を知っているのか？」

答えー小さな興味／注意。小さな時間。

この質問に対する答えは私にとって、とても曖昧なように思えます。しかしながら、彼女の地球の歴史に対する興味はあまり強くない、または彼女はそれにあまり注意をはらっていないということを知覚しました。または、もしかして......分かりません。私はこの質問に対しては確かな答えはもらえませんでした。

質問ー「あなたは自分の故郷である世界を我々に描写することはできるだろうか？」

答えー文明／文化／歴史の場所。

大きな惑星。常に富／資源。

秩序。力。知識／叡智。

二つの星。 三つの月。

質問ー「あなたの文明の発展状況は何だろうか？」

答えー古代。何兆年。常に。

他のあらゆるものを超越。計画。スケジュール。

進歩。勝利。高い目標／思想。

私が「何兆」という数字を使うのは、その意味は何十億よりも大きな数であるということを確信していたからです。彼女が私に伝えた時間の長さは私の理解を超えています。それは実際には、地球の年月の観点からすると「無限」の思想に近いものです。

質問ー「あなたは神を信じているだろうか？」

答えー我々は考える。それは存在する。それを続けさせる。常に。

そのエイリアンの存在は、私たちと同じように「神」または「崇拝」の概念を理解してはいないと私は確信しています。私は、彼女の文明の人たちは全員無神論者であると推測します。私の印象は、彼らが自分たちのことをとても高く評価しており、本当にプライドが高い！　というものです。

質問ー「あなたはどの種類の社会を持っているのか？」

答えー秩序。力。常に未来。統制。成長。

これらが彼女が自分の社会または文明について持っていた考えを表現するのに私が使える最も近い言葉です。この質問に対する返答を伝える時の彼女の「感情」はとても強烈で、とてもまぶしく、また強調されたものになりました！
彼女の思考は私に歓喜、または喜びのフィーリングを与える感情で満たされていました。しかしそれはまた私をとても緊張させました。

質問ー「あなたたち以外に宇宙には知的生命体はいるだろうか？」

答えーあらゆる場所。我々が最も偉大／全ての中で最も高い。

彼女の小さな身長から、彼女は「身長が高い」または「大きい」ということを意味していたのではないと確信しています。

この場合もやはり、彼女のプライドの高い「本質」が、私が彼女から受信したフィーリングを通してあらわになりました。

（マチルダ・オードネル・マックエルロイの個人記録）

これが最初のインタビューの終わりでした。最初の質問のリストに対する答えがタイプされ、それらを待っていた人たちに渡された時、彼らは私がエイリアンに何かを言わせることができたことに大変興奮しました！

しかし、彼らが私の答えを読んだ後、私がよりはっきりと理解することができなくて残念がりました。私が最初の質問のリストに対して受信した答えのおかげで、今や彼らには新しい質問がたくさんありました。

ある士官が私に次の命令を待つように言いました。私は隣接する事務室の中で数時間待ちました。私は自分のエイリアンとの「インタビュー」を続けることを許されませんでした。しかしながら、常に私の待遇は良く、私が望む時にいつでも食べ、眠り、化粧室を使うことができました。

最終的には、私がエイリアンに聞くための新しい質問のリストが書かれました。私は、この時点ではかなりの数の他のエージェントや政府と軍の関係者が基地に到着したのだと推測しました。インタビューの間、私により多くの詳細を求めるように促すことができるように、次のインタビューでは他の数人が私と一緒に部屋にいることになると言われました。しかし、私がこれらの人たちが部屋の中にいる状態でインタビューを行おうと試みたところ、そのエイリアンからの思考、感情や他の知覚できるコミュニケーションは全く受信しませんでした。何もありませんでした。そのエイリアンは動かずにただ椅子の上に座っていました。

私たちは全員インタビュー室から出ました。諜報機関のエージェントは、これに対してとても腹を立てました。彼は、私が最初の質問に対する答えで、嘘をついたか、でっち上げたと非難しました。私は自分の答えは正直で、私にでき得る限りで正確にしたものだと主張しました。

同日の後刻に、他の数人がエイリアンに質問を聞くことを試みることが決定されました。しかし、様々な「専門家」が何回か試みたにもかかわらず、他には誰もエイリアンからコミュニケーションを一度も全く受けることができませんでした。

次の数日の間、東部の方からそのエイリアンをインタビューするためにサイキック研究の科学者が基地に飛行機で送られました。彼女の名前はガートルード・何とかでした。私は名字を覚えていません。別の時には、クリシュナムルティという名のインド人の透視／千里眼能力者がエイリアンとコミュニケーションを試みるために基地に来ました。どちらもエイリアンに何かを伝えさせるようにすることはできませんでした。私は個人的にはどちらの人ともテレパシーを通してコミュニケーションを取ることはできませんでした。とはいえ、私は、ミスター・クリシュナムルティはとてもやさしくて知能の高い紳士だと思いました。

最後には、私が答えを得ることができるか試すために、私がエイリアンと二人きりにされるべきであると決定されました。

第二章

私の二回目のインタビュー

次のインタビューでは、私はエイリアンに一つだけの質問を聞くように言われました。

（インタビューの公式記録文書）

機密

合衆国陸軍航空隊公式記録文書
ロズウェル陸軍飛行場、第509爆撃大隊
件名：エイリアン・インタビュー、1947年7月10日

質問ー「なぜあなたはコミュニケーションを止めたのか？」

答えー止めていない。他人。隠された／覆われている。秘密の恐れ。

そのエイリアンが彼らとコミュニケーションを取ることができないのは、彼らが彼女を恐れているか、または彼女を信頼していないからです。そして、私にとってはっきりとしているのは、そのエイリアンは、一部の人たちが彼女に対して秘密の意図を持っており、自分の本当の思考を隠しているということにしっかりと気付いているということです。私にとって同じだけはっきりとしているのは、そのエイリアンは私たち、またさらに言えば他の何に対しても微塵も恐れを抱いていないということです！

（マチルダ・オードネル・マックエルロイの個人記録）

私は速記者、また別室で心配しながら待っている人たちに報告する前に、エイリアンの思考の意味を伝える言葉をとても慎重に選び、熟考しました。

個人的には、私はそのエイリアンに対するどのような恐れにも誤解にも一度も悩まされませんでした。私は彼女について、また彼女から学べるありとあらゆることに対して、とても、とても興味を持ち興奮していました。しかし、エイリアンと同じように、私は自分のインタビューをコントロールしていたエージェントたち、または「当局」に対してはあまり信頼も信用もしていませんでした。私は彼らの彼女に対する意図が何であるか全く見当がつきませんでした。しかしながら、軍当局者たちは自分たちの手の中にエイリアンの宇宙船とパイロットがあることについて、とても、とても神経質になっていたことは確信しています！

その時、私の最大の心配事はどうすればエイリアンの思考と見解をよりはっきりと理解することができるかということでした。私は自分がテレパシーの「受信者」としてはうまくやっていたけれども、それほどうまいテレパシーの「送信者」ではなかったと思います。

彼女の思考に関する私の解釈に頼らずに、どんどんと増える多数の政府関係者たちが、彼女をより直接的に理解することを可能にする形で、エイリアンとより良いコミュニケーションを取る方法を私は是が非でも考え付きたかったのです。私は自分には通訳者の役目を務める資格があまりなかったと感じていましたが、それでも、エイリアンがコミュニケーションを取ってくれる唯一の人間が私だったのでそれを成し遂げるのは私次第でした。

私はまた、これが多分、地球の歴史上最大の「ニュースと出来事」であり、私はそれに一部でも参加することができたことを誇りに思うべきであるということをひどく意識するようになっていました。もちろん、その頃にはその事件の全ては公式にメディアの中で否定され、軍隊と「時の権力者たち」による計り知れない大きさの隠ぺい工作がもう既に始まっていました。

しかしながら、私が知る限り、自分が地球外生命体とコミュニケーションを取った初めての人間であるという責任に伴うプレッシャーを私は感じ始めていました！　私はコロンブスが一つの小さな惑星上で一つの大陸の大きさの「新世界」を発見した時に、どのような気持ちだったかが分かると思います。しかし、私はこれから一つの全く新しい探検されていない宇宙を発見するところでした！

私は自分の上官からの次の指示を待っている間、数人の重武装の憲兵の護衛付きで自分の部屋に行きました。数人の黒いスーツとネクタイを着た男たちも私に同行しました。私が朝起きた時、彼らはまだそこにいました。朝食は部屋にいる自分の所まで運ばれ、それをとった後、彼らは再び私を基地の中でインタビューのために使われた部屋まで護衛しました。

第三章

私の三回目のインタビュー

（マチルダ・オードネル・マックエルロイの個人記録）

この三回目のインタビューと、この後に続いた私のエイリアンとのインタビューは私が先に述べたように、何十人という人たちによって観察され、記録されました。彼らは実際に部屋の中にはいませんでしたが、マジックミラーを通して、エイリアンに押しかけずにインタビューを隣室から観察することができる特別な部屋が作られていました。

エイリアンは新しく作られた部屋に動かされており、ありふれた、厚い詰め物をした、花柄の布で外張りされた居間用の椅子に座っていました。誰かが一番近くの家具屋で椅子を買うために町に行かされたのだと私は確信しています。エイリアンの体はとても痩せた５歳の子供と同じくらいの大きさだったので、彼女は椅子に比べてとても小さく見えました。

彼女の体は生物ではなかったので、それは食べ物、空気、熱や一見、眠ることも必要ないように見えました。彼女の目の上にはまぶたも眉毛もなかったので、目は閉じませんでした。彼女は椅子の中で背筋を伸ばして座っていたため、誰も彼女が寝ているのか起きているのかを見分けることができなかったのだと私は思います。あなたが彼女の思考を知覚できない限り、彼女が体を動かしたり、手でジェスチャーをしたりしなければ、彼女が生きているかどうかを見分けるのは難しいでしょう。

最終的には、私はエイリアンが彼女の体ではなく、いわば「パーソナリティー」によって認識されているということを知りました。彼女は自分の仲間のエイリアンたちからは「Airl（エアル）」と呼ばれていました。これは私が考えられる、英語のアルファベットを使って彼女の名前を表現する最も近い言葉です。私は彼女が女性であることを好んでいたと感じました。私たちは性分として、女性の命とお互いに対する共感と育む態度を共有していたのだと思います。彼女は、宇宙の秘密を発見するよりも自分の自尊心と権力に関心がある、男性の士官とエージェントたち全員の好戦的で、攻撃的で、支配的な態度に落ち着かなかったと私は確信しています。

私が部屋に入った時、彼女は私を見てとても喜んでいました。私はとても純粋な認識、安心と「暖かい」気持ちを彼女から感じました。それは犬や子供から感じる熱心な興奮とプラトニックな愛情に似ていましたが、同時に冷静で謹厳な自制がありました。私は、自分がこのエイリアンの存在に対して同じような好意を感じたということに驚いたと言わざるを得ません。特に、私たちは短い時間しか一緒に過ごしていなかったのですから。次々と基地にやってくる政府や軍隊の人たちから非常に注目されているにもかかわらず、私がインタビューを続けることができるということが私は嬉しかったのです。

次の一連の質問を書いた人たちは、私を通さずに自分たちでエイリアンとコミュニケーション取る方法を知りたいということが一見して明らかでした。

以下が新しい質問のリストに対する答えです

（インタビューの公式記録文書）

機密

合衆国陸軍航空隊公式記録文書
ロズウェル陸軍飛行場、第509爆撃大隊
件名：エイリアン・インタビュー、1947年7月11日

質問ーあなたは地球の言語をどれ一つでも読む、または書くことはできるだろうか？

答えーいいえ

質問ーあなたは数字、または数学を理解できるだろうか？

答えーはい。私は士官／パイロット／エンジニア

質問ーあなたは、私たちが自分たちの言語に翻訳することができるシンボル、または絵を描くことはできるだろうか？

答えー不明確

質問ー私たちがあなたの思考をもっとはっきりと理解するのを助けるために、あなたが他に使えるサインやコミュニケーションの手段はあるだろうか？

答えーいいえ

（マチルダ・オードネル・マックエルロイの個人記録）

私はこれが本当ではないと強く確信していました。しかし、私がはっきりと理解していたのは、彼女は文字、絵や手話を通してコミュニケーションをしたくないということでした。私は彼女が、捕縛されたどのような兵士も例え拷問を受けても敵にとって役に立つかもしれない情報は口外してはならないのと同様に命令に従っていたのだと感じました。彼女は機密扱いではないもの、個人的な情報、または「名前、地位と識別番号」しか口外することができなかったし、する意志もありませんでした。

（インタビューの公式記録文書）

機密

合衆国陸軍航空隊公式記録文書
ロズウェル陸軍飛行場、第509爆撃大隊
件名：エイリアン・インタビュー、1947年7月11日、
第二セッション

質問ーあなたは星座の地図であなたの出身の惑星の星を我々に示すことはできるだろうか？

答えーいいえ。

これは彼女が地球から彼女の出身の惑星への方向を知らないからではありません。彼女はその位置を口外したくありませんでした。それはまた、彼女の出身の惑星の星系は地球の星座地図にはどれにも載っていないからでもありました。それはあまりにも遠く離れています。

質問ーあなたの民族があなたがここにいることを見つけるのにどれくらいかかるだろうか？

答えー不明。

質問ーあなたの民族があなたを救出するためにここまで移動するのにどれくらいかかるだろうか？

答えー分、または時間単位。

質問ーどうすれば我々はあなたに危害を加える意志はないということを彼らに理解させることができるのだろうか？

答えー意図ははっきりとしている。あなたのマインド／イメージ／フィーリングの中に見る。

質問ーあなたが生物的な存在ではないのであれば、なぜあなたは自分のことを女性と呼ぶのか？

答えー私は創造者。母。源。

（マチルダ・オードネル・マックエルロイの個人記録）

これらの質問の答えを得るのに数分間しかかかりませんでした。そしてその時気付いたのは、もしこのエイリアンに協力する、または軍、諜報機関や科学者たちが自分たちにとって有益と見なすいかなる情報も開示する意思がないのであれば、大変厄介なことになるということでした。

私はまた、これらの質問を書いた人たちの本当の意図をエイリアンは絶対に知っているということを確信していました。なぜなら彼女は私の思考を読み、自分とコミュニケーションを取るのと同じだけ簡単に「彼らのマインドを読む」ことができたからです。これらの意図があったため、彼女は彼らの誰とも、どのような形でも、どのような状況においても協力する意志もなかったし、することもできませんでした。そして彼女は生物的な生命体ではなかったため、彼女の心を変えることができる拷問や強制力は存在しないと私は同様に確信していました！

第四章

言語の壁

（マチルダ・オードネル・マックエルコイの個人記録）

私が情報局のエージェントの人たちに、「答えはない」という回答をする理由の、私なりの見解を説明した後、大きな動揺と混乱が起きました。情報士官たち、軍の当局者、心理学者と言語の翻訳者たちの間でとても激しい議論が交わされました。これは数時間続きました。最終的には私が次の質問に対して満足な答えを得られる限り、私がエイリアンとインタビューを続けても良いということになりました。

（インタビューの公式記録文書）

機密

合衆国陸軍航空隊公式記録文書
ロズウェル陸軍飛行場、第509爆撃大隊
件名：エイリアン・インタビュー、1947年7月11日、
第三セッション

質問ー「あなたが私たちの質問に答えても良い、と十分に安全を感じるためには私たちからどのような確約や証を必要としているのか？」

答えー彼女だけが話す。彼女だけが聞く。彼女だけが質問をする。

他には誰も。学び／知り／理解しなければならない。

（マチルダ・オードネル・マックエルロイの個人記録）

私がインタビュー室から戻ってきてこの質問に対するエイリアンの答えを報告した時、私はそこに集まっていた情報局のエージェントと軍の人員から手厳しくて懐疑的な反応を受けました。彼らはエイリアンがどういう意味でそう答えたのかを理解できなかったのです。

彼女がどういう意味で伝えたのかを私もあまり理解することはできないと認めました。しかし、私は彼女のテレパシーの意図を最善を尽くして言葉にしていました。私は役人たちに、もしかしたらコミュニケーションの問題は、満足できるほどはっきりとエイリアンのテレパシーの言語を理解する能力がないのと関係するかもしれないと言いました。

この時点で私はとても落胆していたため、諦めたい気分でした！

そして今や前よりも多くの論争が起きていました！　私は、エイリアンが他の誰かとコミュニケーションするのを拒否しており、彼女とコミュニケーションを取ることができる人が他には誰も見つかっていないにもかかわらず、私が自分の役職から解任されると確信していました。

幸いにも海軍の日本語のスペシャリストであるジョン・ニューブルというとても賢い人が、その問題に対する説明と解決策を持っていました。彼はまず、問題はエイリアンのコミュニケーションを取る能力の欠如とほとんど関係がないということを説明しました。それは、彼女が私以外の人とはコミュニケーションを取る気がないということの方が重要でした。第二に、はっきりとした包括的なコミュニケーションが起きるためには、当時者たちが一つの共通した言語を理解し、それを通してコミュニケーションを取らなければならないということでした。

言語の中の言葉やシンボルは、とても正確な概念や意味を持っています。彼が言うには、日本人は日々のコミュニケーションの中で多くの混乱を引き起こす多くの同音異義語を持っているということでした。彼らはこの問題を、常用漢字を使って自分が言っている言葉の正確な意味を書き留めることによって問題を解決しています。これが彼らにとって事柄を明確にします。

定義された用語がなければ、人と犬の間、または二人の小さな子どもの間で交わされる基本的な理解を越えるコミュニケーションは不可能です。当事者たちが流暢に使える、はっきりと定義された言葉の共通したボキャブラリーの欠如が、全ての人々、グループまたは国家の間のコミュニケーションを妨げる要因になっています。

そのため彼は二つの選択肢しかないと示唆しました。私がエイリアンの言語を話すのを学ぶか、エイリアンが英語を話すのを学ばなければならないと。事実上一つの選択肢だけが可能でした：私がエアルに英語を学ぶように説得すること。そして言語のスペシャリストの指導に基づいて、私が彼女にそれを教えること。他に提案がなかったので、この方法に異議を唱える者はいませんでした。

言語のスペシャリストたちは、子供の本を数冊、基本的な読み方の教材と文法の教科書を持ってインタビュー室に行くよう、私に勧めました。その計画では、私がエイリアンの隣に座り、彼女がついて行くことができるように、私が読んでいる文章を指さしながら本を声に出してエイリアンのために読むのでした。

その理屈では最終的に、子供が単語、書かれた言葉と関連する音、そして基本的な文法を教えられることによって読み方を学ぶように、エイリアンにも読み方を教えられるというものでした。私が思うに彼らはまた、エイリアンが私とテレパシーを通してコミュニケーションを取れるほど賢く、宇宙船を飛ばして銀河を横断できるのであれば、多分 5 歳児と同じだけ早く、またはそれより早く言葉を喋ることを学べると見込んでいました！

私はインタビュー室に戻ってエアルにこの提案を申し込みました。彼女は言語を学ぶことに異議は唱えなかったけれども、質問に答えるとは約束しませんでした。誰も他にもっと良い考えを持っていなかったので私たちは先へ進みました。

第五章

読み方のレッスン

（マチルダ・オードネル・マックエルロイの個人記録）

私は 19 世紀のアメリカの開拓時代の辺境地で、開拓者の子供たちに教えるために使われていた学校の教科書の最初のページで読み方のレッスンを始めました。それは「精選マクガフィー読本、入門から第六読本まで」と呼ばれています。

私は先生ではなく看護師であるため、私に本を渡してくれた言語のエキスパートは同時に私に広範囲に及ぶ背景説明をしーそのコースは丸一日掛かったーエイリアンに教えるために、どのようにこの本を使えばいいのかを教えました。彼はこの特定の本を選んだ理由は、1836 年の原本が 75 年間もの間、アメリカの学校の子供たちのおよそ 5 分の 4 が読み方を学ぶのに使ったからだと言いました。これほど長い間アメリカの子供たちにこれまでの影響を与えた本は他にありません。

マクガフィーの教育コースは、最初の「入門書」で記憶することになるアルファベットの文字を順番に紹介します。子供たちはその後、音を文字とつなげることを教える音声法を使い、一歩一歩言語の基本要素を使って言葉を形成し、発音することを教えられます。一つ一つのレッスンは、読み方の稽古で使われる言葉を学習することから始まり、一つ一つの言葉の正しい発音を示す印がつけられています。

私が発見したのは、第一と第二の読本の中で使われている話は、子供たちが家族、先生、友人と動物たちとどういう関係を持っているのかということを描写していることでした。第三、第四、第五、と第六の読本は、これらの概念をさらに拡大したものでした。私が覚えている話の一つは「未亡人と商人」です。それはいわば道徳心を教えてくれる話で、困っている未亡人を助ける商人の話でした。後に未亡人が自分の正直さを証明すると、商人は彼女に素晴らしい贈り物を与えます。けれども、それらの本は裕福な人だけが慈善行為をするように期待されていると教えているわけではありません。親切とは皆が実行するべき美徳であるということは皆知っています。

全ての話はとても健全で、正直さや慈善、倹約、勤勉さ、勇気、愛国心、神に対する畏敬の念、また親を尊敬することといった美徳をとてもうまく説明していました。個人的に私はこの本を誰にでも勧めます！

私がまた発見したのは、この本に使われているボキャブラリーは、私たちの現代で人々が一般に使っている比較的限られた数の言葉に比べて、とても高度なものだったということです。200 年以上前に独立宣言を書いた私たちの建国の父たちの時代から、私たちは自分たちの言語をたくさん失ってしまったと思います！

私は指示された通りインタビュー室の中でエアルの隣に座り、マクガフィーの各読本を次々に声をあげて彼女に読みました。それぞれの本には、教えられる物語や題目について、素晴らしく、分かりやすい挿絵が付いていました。けれどもそれらは今日の基準からしたらかなり時代遅れでした。それにもかかわらず、私たちが進むにつれ、エアルは一つ一つの文字、音、音節と意味を理解し吸収しているようでした。私たちはこのプロセスを 3 日連続で、私が食事や休憩のために中断する以外は止まらずに、毎日 14 時間続けました。

エアルはどのような休憩も取りませんでした。彼女は眠りませんでした。その代わり、インタビュー室の厚い詰め物をした椅子に座ったまま、私たちがもう既に学んだレッスンを復習していました。私たちが中断した所から始めるために毎朝私が戻ってきた時には、彼女はもう既に前のレッスンを記憶し、もう次の本をだいぶ読んでいました。このパターンは、最終的に私が彼女に読み続けるのが意味のないものになるまでどんどんと加速していきました。

エアルは話すための口は持っていませんでしたが、今や彼女は英語で私に向かって考えることができました。これらのレッスンの終わりには、エアルは一人で読んで学ぶことができるようになっていました。私は彼女が新しい言葉に出会った時にどのように辞書を使えばいいのかを彼女に見せました。その後、エアルは絶えず辞書を調べていました。それから先の私の仕事は、彼女の外交特使になることであり、途切れなく彼女に参考書が運ばれてくるように要請しました。

次にニューブル氏にブリタニカ大百科事典の一式を持ってきました。エアルは特にこれを楽しみました、なぜならそれにはたくさんの絵があったからです。この後、彼女はもっとたくさんの絵本と写真や絵のある参考書を要求しました。なぜなら彼女にとって、学んでいる物の絵を見ることができた方がその意味をはるかに理解しやすかったからです。

次の 6 日間で国中の図書館から本が持ち込まれてきたと私は推測しています。なぜならたった数日間で彼女は数百冊を読んでいました！　彼女は私が想像できるあらゆる題目について学び、私が知りたいとも思わなかった天文学、金属学、工学、数学、様々な技術マニュアルなどなどのとても専門的なことも学んでいました。

後に彼女はフィクションの本、小説、詩と文学の古典を読み始めました。エアルはまた、文系の本、特に歴史についての本を本当にたくさん要求しました。彼女は人類の歴史と考古学についての本を少なくとも 50 冊は読んだと思います。もちろん私は彼女が絶対に聖書も一冊受け取るようにしました。彼女はそれを何も言わず、質問も聞かずに表紙から裏表紙まで読みました。

私は毎日エアルと12から14時間一緒に居続けましたが、その一週間の間のほとんどは、彼女が時々私に質問をする時以外は、私たちの間にコミュニケーションはあまり起きませんでした。それらの質問は多くの場合、彼女が読んでいる本の内容の前後関係の感覚を与えるため、または何かをはっきりとさせるためのものでした。面白いことにエアルは、彼女の一番好きな本は「不思議の国のアリス」、「ドン・キホーテ」と「一千一夜物語」だと教えてくれました。彼女はこれらの話の作者たちは、素晴らしい技術や大きな力を持つことよりも、偉大な心意気と想像力を持つことの方が重要であるということを示していたのだと言いました。

私は彼女の質問の多くに答えることができませんでした。そのため、私は別部屋にいる人たちに相談しに行きました。これらの質問のほとんどは、技術的と科学的な物事についてのものでした。彼女の質問のいくつかは人文学のものについてでした。彼女の複雑な理解の深さと質問の鋭さは彼女がとても鋭利な知性を持っているということを示していました。

個人的に私は、彼女は地球の文化と歴史について、最初に始めた時に認める気があったよりもはるかにたくさんのことをもう既に知っていたと思います。彼女がどれほどもっと多く知っていたのかを私はすぐに発見することになりました。

第六章

私の教育が始まる

（マチルダ・オードネル・マックエルロイの個人記録）

墜落現場からエアルを「救出」してから 15 日経った頃には、私は流暢に、また努力せずとも彼女と英語でコミュニケーションを取ることができました。彼女はこの時点では本当にたくさんの資料を吸収していたため、彼女の学問的な教育レベルは私のものをはるかに超えていました。私は 1940 年にロサンゼルスでハイスクールを卒業し、大学で 4 年間医学部進学過程と看護の訓練を受けていましたが、私自身が読んだ本の多様性はかなり限られたものでした。

今やエアルが触れた題目のほとんどを私は勉強したことがありませんでした。彼女の鋭い理解力、熱心な学習の姿勢とほとんど写真のように正確な記憶力を考慮に入れるとなおさらそうでした。彼女は自分が読んだ本から長い文章を思い出すことができました。彼女は「ハックルベリーフィンの冒険」、「ガリバーの冒険」、「ピーターパン」と「スリーピーホローの伝説」等のお気に入りの文学の古典からの節が特に好きでした。

この頃にはエアルが先生で、私が生徒になっていました。私はこれから地球人が知らないこと、知る方法がないことについて学ぶのでした！

エアルと私が今やギャラリーと呼んでいた、マジックミラーの向こう側から私たちを観察していたたくさんの科学者やエージェントたちは、彼女に質問を聞きたいとどんどんとイライラしていました。しかしエアルは私以外の人が質問を聞くこと、それが書面であっても、私が翻訳者として身代わりで聞くことであっても、拒絶し続けました。

16 日目の午後、彼女が読書しながらエアルと私は隣り合わせに座っていました。彼女は読んでいた本のページを閉じ、横に置きました。私は読まれるのを待っていた大きな山から次の本を取って彼女に渡すところでしたが、彼女は振り向いて私にこう言いました、または「考えました」。

「これで私は話す準備ができた」

当初私はその発言に対し少し混乱しました。私は彼女に続けるようにジェスチャーをし、彼女は私に最初のレッスンを教え始めました。

（インタビューの公式記録文書）

機密

合衆国陸軍航空隊公式記録文書
ロズウェル陸軍飛行場、第509爆撃大隊
件名：エイリアン・インタビュー、1947年7月24日、
第一セッション

「エアル、あなたは何が言いたいの？」と私は聞きました。

私は数千年の間、宇宙のこの領域においてドメイン遠征軍の一員であり続けてきた。しかし、紀元前 5965 年から私は地球人とは個人的に親密なコンタクトを取ったことはない。ドメインの領域の中の惑星の住人と交流するのは私の第一の職務ではない。私は士官であり、パイロットであり、エンジニアであり、実行する任務がたくさんある。しかしながら、私はドメインの中の 347 個の他の言語を流暢に話せるが、私はあなたの英語の言語と接触したことはない。

私が話すことのできた最後の地球の言語は、ヴェーダ賛歌が書かれたサンスクリットの言語だった。当時、私はヒマラヤ山脈に位置していたドメインの基地の喪失を調査するように送られた調査団の一員だった。一個大隊全体の士官、パイロット、通信員と管理担当官が消えて基地は破壊されたのだった。

数百万年前に、私はドメインの調査、データ評価とプログラム開発部門の士官として訓練を受け、任務に就いた。私はそのテクノロジーの経験があったため捜索隊の一人として地球に送られた。私の職務の一つは当時隣接するエリアに居住していた人間の住民を尋問することだった。その地域の人たちの多くが「ヴィマーナ」または宇宙船を目撃したと報告した。

様々な証拠、証言、観察と特定の証拠の欠如を理論的に検討することによって、私はこの太陽系の中に私たちが全く気付いていなかった「旧帝国」の宇宙船、またうまく隠された「旧帝国」の施設があるという発見に自分の隊を導いた。

あなたと私は、私が個人的にあなたの言語に接触したことがなかったために、あなたの言語でコミュニケーションを取ることができなかった。しかし今や、あなたが私に与えてくれた本と資料を私がスキャンしたため、その情報はこの領域の私たちの宇宙ステーションに送られ、通信士官がコンピュータを通して処理した。それは私の言語に翻訳され、それを使って私が考えることのできる文脈で、私に再び送り返されてきた。そして私たちのコンピュータに保存されていた英語に関する情報と地球の文明に関するドメインの記録を受け取った。

今や私は、あなたにとってとても大きな価値があると感じている特定の情報をあなたに与える準備ができた。私はあなたに真実を伝える。もちろん真実は他のあらゆる真実と相対的なものだが、私はできるだけ誠実に、また正確に私の観点からの真実を、自分自身と自分の種族の誠実さの境界の中で、私が仕え、それを保持し、守ると誓った組織に対する責務に違反せずに、あなたに伝えたい。

「OK」と私は考えた。「あなたは今度はギャラリーからの質問に答えてくれるだろうか？」

いいえ。私は質問には答えない。私は人類を構成している不死のスピリチュアルな存在たちの幸福にとって有益であり、また地球の無数の生命体と環境の生存を促進すると思う情報を与える。なぜなら私の使命の一部は地球の保存を確保することだからだ。

個人的に私は、全ての感覚のある存在たちは不死のスピリチュアルな存在であるという信念を持っている。これには人間も含まれている。正確性と単純さのために、私は自分の造語を使う:「IS-BE（イズ・ビー）」。なぜなら不死の存在の第一の性質は彼らが時間の無い「IS（存在する）」という状態の中で生き、彼らの存在の唯一の理由は彼らが「BE(そうなる)」ということを決めるからである。

社会の中で彼らの地位がどれだけ低いものであれ、全ての IS-BE は、私自身が他人から受けたいと思う敬意と待遇に値する。地球の一人ひとりの人間は、彼らがこの事実に気付いていようがいなかろうが、IS-BE で在り続ける。

（マチルダ・オードネル・マックエルロイの個人記録）

私はこの会話を決して忘れません。彼女の口調は事実を在りのまま述べる、感情のないものでした。しかし初めて私はエアルの中に温かくて本物の「パーソナリティー」の存在を感じました。彼女の不死のスピリチュアルな存在に関する言及は、真っ暗な部屋に照らされる光のように私の心を撃ちました。私はそれ以前、人間が不死の存在であることができるなど考えもしませんでした。

私はその地位、またはその力は神なる父とその息子、また神霊だけのものだと思っていました。そして私は敬虔なカトリックであり、主であるイエスとローマ法王の言葉に服従しているため、女性が不死のスピリチュアルな存在であると考えたこともありませんでした－聖母マリアですらそうではありません。けれどもエアルがその思考を考えた時、私は初めて、彼女が個人的に不死のスピリチュアルな存在であり、私たち全員がそうであるということを鮮明に知覚しました！

エアルは、私がこの概念について混乱しているのを感じていると言いました。彼女は、私もまた不死のスピリチュアルな存在であるということを私に証明すると言いました。彼女は「自分の肉体の上にいなさい！」と言いました。瞬時に私は自分が自分の肉体の「外」にいて、天井から私の肉体の頭の上を見下ろしていることに気付きました！　私は、自分の肉体の隣で椅子に座っているエアルの体を含めた自分の周りの部屋を見渡すことができました。すぐに私は「自分」が肉体ではないという、単純だがショッキングな現実に気付きました。

その瞬間、黒いヴェールが持ち上げられ、私の人生で初めて、また過去のとても長い時間の中で初めて、私は「自分の魂」ではなく「私」は「自己」－スピリチュアルな存在である－ということに気付きました。これは説明できない閃きでしたが、私がそれ以前に体験したのを思い出すことができない喜びと安心で私を満たすものでした。「不死」の部分については、私は彼女の意味を理解することができません。なぜなら私は常に自分が不死ではない、と教えられてきました－スピリットかもしれませんが－確実に不死ではありません！

ちょっとした時間の後－どれだけ長かったかは確信がありません－私がこの概念についてより良い理解を得たかどうかエアルが聞きました。突然私は再び自分の体の中に戻っており、私は声をあげてこう言いました、「はい、私はあなたが何を言いたいか分かります！」

私はその体験によってとてもびっくりさせられていたため、椅子から立ち上がって数分間部屋の中を歩き回らなければなりませんでした。私は、水を飲んでトイレに行かなければいけないと言い訳をして、そうしました。私は休憩室の中で鏡の中の「自分」を見ました。私はトイレを使い、化粧を直し、制服を正しました。10分か 15 分後には私はもうちょっと「普通」に戻った感じがして、インタビュー室に戻りました。

その後、私は自分が単にエアルの翻訳者ではないと感じました。私は自分が「同族のスピリット」であるかのように感じました。私は自分が安全で、これまで持ったことのあるどのような友人や家族とも同じだけ近い、信頼できる友人か家族と一緒に家にいるかのように感じました。エアルは私が「個人的な不死」の概念に対し混乱していることを感じ、それを理解しました。彼女は私にこれを説明することによって、私との最初のレッスンを始めました。

（公式記録文書の続き）

エアルはなぜ彼女が地球に来て、第 509 爆撃大隊の領域に来たのかを教えてくれました。彼女は自分の上官によって、ニューメキシコ州で実験された核兵器の爆発を調査するために送られたのでした。彼女は上官により、放射能の範囲とこれにより環境にどのような被害を加える可能性があるのか、を測定するために大気から情報を集めるように命令されたのでした。彼女のミッションの途中で宇宙船は雷に打たれ、それが彼女がコントロールを失い墜落する原因となったのです。

宇宙船は、役者がマスクや衣装を着るのと同じように「ドールボディ（人形体）」を使う IS-BE たちによって操作されています。それは、それを通して物質の世界で行動するために使われる機械的な道具のようなものです。彼女や士官の地位にいる他の IS-BE たちと彼らの上官たちは、宇宙で職務についている時はこれらの「ドールボディ」の中に居住しています。彼らは職務についていない時は、体から「去り」、体を使わずに行動し、考え、コミュニケーションを取り、移動し、存在しています。

これらの体は合成物質によって作られており、とても敏感な電気的な神経系が組み込まれています。一人ひとりの IS-BE はこれに自分を適応させるか、一人ひとりの IS-BE が発信する特有の波長、または振動数に適合させられた電子波長に自分を「合わせる」のです。一人ひとりの IS-BE は無線信号の周波数と同じように、自分自身を特定する固有の波の振動数を創造する力を持っています。これは部分的に指紋のような身元確認の役割を果たしています。ドールボディは IS-BE のためのラジオ受信機のような役割を果たしています。全く同じである二つの振動数やドールボディはありません。

一人ひとりの IS-BE 乗組員の体も同様に、宇宙船の中に組み込まれている「神経系」に同じように合わされてつながっています。宇宙船はドールボディとほとんど同じように作られています。それは一人ひとりの IS-BE 乗組員の特定の振動数に適応されています。そのため、その宇宙船は、IS-BE によって放たれる「思考」またはエネルギーによって操作することができます。それは実際にはとても単純な直接制御システムです。そのため、この宇宙船の中には複雑なコントロール機器やナビゲーション機器はありません。それらは IS-BE の拡張として機能します。

稲妻が宇宙船に落ちた時、ショートが起こり、それによって一瞬彼らを宇宙船のコントロールから「切断」してしまい、その結果墜落しました。

エアルはこれまでも、また今でも遠征軍の士官、パイロットとエンジニアであり、それは自分たちのことを「ドメイン」と称するスペース・オペラ文明の一部です。この文明は、物理的な宇宙全体の約 4 分の 1 を占める宇宙空間にある膨大な数の銀河、星系、惑星、月と小惑星群を支配しています！彼女の組織の永続的な使命は、「ドメインの領地と資源を確保、管理、拡大」することです。

彼ら自身の行動は新世界を「発見」し、神、法王、スペイン、ポルトガル、また後にオランダ、イギリス、フランスの王のものであると「主張」したヨーロッパの探検家たちがやったことと多くの面で似ているということをエアルは指摘しました。ヨーロッパは原住民から「獲得」した資産によって利益を得ました。しかし原住民たちは相談されることもありませんでしたし、自分たちの利益のために領土と富を手に入れるように兵士や司祭を送りこんだヨーロッパの国々の「ドメイン（領域）」の一部になるための許可を求められることもありませんでした。

エアルは、スペインの王は原住民が彼の兵士たちによって残酷に扱われたことを後悔していたと歴史の本の中で読んだと言いました。彼は様々な聖書に記述されている、彼が崇拝する神々から天罰を受けることを恐れていました。彼は法王に「The requirement（催告）」という宣言書を用意するように要求しました。それは新しく出会った原住民たちに読み聞かせなければならないものでした。

王はこの宣言が、原住民がそれを受け入れようとも、拒絶しようとも、結果としてもたらされたこれらの人々の虐殺と奴隷化から王の責任を免除することを望んでいました。王はこの宣言を、彼らの土地や財産が、王の兵士や法王の司祭たちによって没収されることを正当化するために使いました。どうやら法王は個人的には、この事態に対し何の罪悪感も責任も感じていなかったようです。

エアルはこのような行為は臆病者のものであり、スペインの領土が急速に縮小していったことは驚きではないと考えていました。たった数年後には王は死んでおり、彼の帝国は他の国家に吸収されていました。

エアルはこのような振る舞いはドメインの中では起きないと言いました。彼らの指導者たちは、ドメインの行いの全責任を負い、自分をこのような形で侮辱するようなことはしないと言いました。そしてまた、彼らはどのような神々も畏れておらず、自分の行動に対して何の後悔も持っていません。この理念が、私が当初提案したエアルと彼女の民族は多分無神論者であるという考えをさらに裏付けしました。

ドメインによる地球の獲得の場合、ドメインの指導者たちは今後自分たちを明らかにすることが自分たちの利益にそぐうか、そぐわないかという時が来るまで、この意図を地球の「原住民たち」には公に明らかにしないことを選びました。現時点ではドメイン遠征軍の存在を人類に知らせることは戦略的に必要ではありません。実際、それは現在に至るまでこれまで積極的に隠されてきました。その理由は後に明らかになります。

地球の近くにある小惑星帯は、宇宙のこの領域におけるドメインのとても小さいけれども重要な場所になっています。実際には私たちの太陽系の中の物体のいくつかは低重力の「宇宙ステーション」として使用するために、大いに価値があります。彼らが最も興味を持っているのは、この太陽系の中の低重力の衛星であり、それらの殆どは月の裏側、また何十億年前に破壊された惑星である小惑星帯にあり、それより程度は低いが火星と金星にもあります。ドメインの部隊を収容するために石膏から合成されたドーム型建造物、または電磁バリアによって覆われた地下基地を建設するのは簡単です。

宇宙の領域が一度ドメインによって獲得され、それの統治下の領域の一部になれば、ドメインの「所有物」として扱われます。地球の近くの宇宙ステーションが重要なのは、単にそれが天の川銀河系の中心、そしてさらにその先へのドメインの拡張経路の道筋の上にあるからです。もちろんドメインの中の全員がこれを知っています。一地球の人々だけがそれを知りません。

第七章

古代史のレッスン

（マチルダ・オードネル・マックエルロイの個人記録）

私のエアルとの教授は夜通し続き、次の朝の夜明けまで続きました。私はエアルから受けた「レッスン」に心を捕えられ、懐疑的であり、ショックを受け、懸念を抱き、動揺し、不満を覚えたと言わなければなりません。彼女が私に伝えたことはどれも私が想像できるようなものではありませんでした。－最も突飛な夢や悪夢の中でもです！

次の日の午後に、私は眠り、シャワーを浴び、食事をした後、エアルが私に説明したことを記録したギャラリーの人たちから、昨晩のインタビューに関する報告を受けました。このセッションにはいつものように、各インタビューの後に私が報告をする速記者が居合わせていました。そして私の供述を明確にするように求める男が 6 人か 7 人いました。いつものように、私がエアルに対する影響力を使って、ギャラリーの人たちが促した特定の質問に答えるように彼女を説得するよう、私に圧力がかけられました。私はそうするように最善を尽くすとできるだけ皆を安心させようとしました。

それにも拘らず、その後は、毎日 3 つのことしか起きませんでした。

1） エアルは私がギャラリーによって聞くように提案され、またはほのめかされたと感じた質問には断固として答えるのを拒否しました。

2)　エアルは彼女が選んだ題目について私に「教授」し続けました。

3)　毎晩私がエアルとのインタビュー、または教授を終えた後、彼女は私に、より多くの情報が必要である各題目の新しいリストを渡しました。毎晩、私はこのリストをギャラリーに提出しました。次の日エアルは本、雑誌、記事などなどの大きな山を渡されました。夜、私が寝てる間に、彼女はこれらのこと全てを学習しました。私が彼女と過ごした残りの時間の間、このパターンは毎日繰り返されました。

私の次のインタビュー、またはエアルからのレッスンの題目はドメインの視点から見た地球、私たちの太陽系と周辺の宇宙の短い歴史でした。

（インタビューの公式記録文書）

機密

合衆国陸軍航空隊公式記録文書
ロズウェル陸軍飛行場、第509爆撃大隊
件名：エイリアン・インタビュー、1947年7月25日、
第一セッション

あなたが歴史という題目を理解するには、まず時間という題目を理解しなければならない。時間とは単に、空間を通り抜ける物体の運動を任意に計測しているにすぎない。

空間とは直線的ではない。空間とはある物体を見ている IS-BE の視点によって決定される。ある IS-BE と見られている物体の間の距離が「空間」と呼ばれる。

空間の中の物体、またはエネルギーの塊は、必ずしも直線的な形で動くわけではない。この宇宙では物体は不規則に、または曲線か周期的なパターン、または同意された法則に基づいて動く傾向がある。

歴史とは、地球の歴史書の著者たちがほのめかしているような直線的な出来事の記録だけではない。なぜなら、それは計測器具のように引き延ばして印をつけられるような糸ではない。歴史とは空間を通り抜ける物体の動きを主観的に観察し、敗れた者たちではなく、生存した者の視点から記録されるものである。出来事とは相互作用し同時に起きるものである。生物的な体には血をポンプする心臓があり、同時に肺が細胞に酸素を供給し、細胞が太陽からのエネルギーと植物からの化学物質を使って再生し、同時に肝臓が血から有害なゴミを濾過し、膀胱と腸を通してそれらを排除するのと同じように。

これらの相互作用の全ては同時に起き、同時に存在する。時間とは連続的に流れるものだが、出来事とは独立した直線的な流れの中では起きない。過去の歴史、または現実を見て、理解するためには、全ての出来事を一つの相互作用する全体性として見なければならない。時間とはまた振動として感じることができ、それは物質的な宇宙の至る所で一定である。

エアルは、IS-BE たちは宇宙が始まる前からいたのだということを説明しました。彼らが「不死」と呼ばれる理由は、「スピリット」は生まれたわけではなく、死ぬこともできないからであり、その代わり自分で設定した「在る－これになる」という感覚に基づいて存在しているからです。彼女は全てのスピリットは同じではない、ということを入念に説明しました。一人ひとりがその独自性、力、認識と能力において完全に独自です。

エアルのような IS-BE と地球で肉体の中に住んでいるほとんどの IS-BE との違いは、エアルは自分の「人形」に意図的に入ったり、出たりすることができるということです。彼女は物質を自分で選んだ深さで透視することができます。エアルとドメインの他の士官たちは、テレパシーを通してコミュニケーションを取ることができます。IS-BE は物質的な宇宙の存在ではないため、時空の中である位置を占有してはいません。IS-BE は言葉通り「非物質」です。彼らは膨大な距離の空間を一瞬にして渡ることができます。

彼らは物質的な知覚装置を使わずに生物的な体より強く感覚を体験することができます。IS-BE は自分の知覚から痛みを除外することができます。エアルはまた、自分のいわゆる「自己認識」を朧気なはるか昔、何兆年も前までさかのぼって思い出すことができます！

彼女は、宇宙のこのごく周辺に存在している太陽の集まりは、過去 200 兆年間燃えてきたと言っています。物質的な宇宙の年齢はほぼ無限に古いけれども、その最古の始まりから恐らく最低でも 4 千兆年経っています。

時間とは計測するのが難しい要素である、なぜならそれは IS-BE の主観的な記憶に頼る、また物質的な宇宙が始まってからその中の全てで起きた出来事の統一された記録はないからである。地球と同じように多くの異なる時間の測定システムが存在し、それらは様々な文化によって定義され、周期的な動きと起源となる点を使って年齢と存続期間を立証している。

物質的な宇宙そのものは、多くの他の独自の宇宙の集合と融合によって形成されている。これら一つひとつの宇宙は、ある IS-BE または IS-BE のグループによって創造された。これらの幻想の宇宙の衝突が混同し、合体し、凝固し、皆が相互に同意して創造した宇宙を形成した。エネルギーと形は創造できるが、破壊することはできないと同意されているため、この創造的なプロセスが続くことによって、物質的にはほとんど無限の大きさを持った永遠に拡大する宇宙を形成した。

物質的な宇宙が形成される前は、様々な宇宙は固体ではなく完全に幻想だった膨大な時期があった。宇宙は魔法使いの意思に従って現れたり消えたりする魔法の幻の宇宙だったと言うこともできる。あらゆる場合、この「魔法使い」は一人、または複数のIS-BEだった。地球のIS-BEの多くは、未だにその時期のぼんやりとしたイメージを思い出すことができる。魔法、妖術、魔力、お伽噺話と神話が、とても大雑把な言葉使いではあるが、これらのことを物語っている。

一人ひとりのIS-BEが物質的な宇宙に入ったのは、彼らが自分の「故郷」である宇宙を失った時である。つまり、あるIS-BEの「故郷」である宇宙が物質的な宇宙に飲み込まれた時、またはそのIS-BEが他のIS-BEと一緒に物質的な宇宙を創造するか、征服しようとした時である。

地球では、あるIS-BEがいつ物質的な宇宙に入ったかを突き止めることが難しいのにはニつの理由がある: 1)地球のIS-BEたちの記憶は消去されている。 そして2)IS-BEの物質的な宇宙への到着、または侵略は異なる時間に起きたものである。60兆年前の者もいれば、たった3兆年前の者たちもいる。時々数百万年に一度という短い期間の中である領域、または惑星がその領域に入ってきた別のグループのIS-BEたちに占領されることがある。

時々、彼らは他のIS-BEたちを奴隷として捕える。彼らは単調な、または手作業の仕事ー特に地球のような思い重力の惑星で鉱石を掘ることーをするために肉体の中に住むことを強要される。

エアルは、彼女が時折地球を訪問することも含まれていた生物学的調査団のパイロットになった時から6億2500万年以上の間、ドメインの遠征軍の一員であると言いました。彼女はそこでのキャリアの全てを思い出すことができ、それ以前のはるか昔の時間も思い出すことができます。

彼女は、地球の科学者たちは、物質の年齢を図るための正確な測定システムを持っていないと私に言いました。彼らは有機的、または炭素基の物質のような特定の原料はとても速く劣化するため、物質は劣化するものだと決めつけている。木や骨の年齢の測定に基づいて石の年齢を測定するのは正確ではない。これは根本的な過ちである。事実上物質は劣化しない。それは破壊することはできない。物質の形は変えることができるが、それは本当の意味で破壊されることはない。

ドメインは約 80 兆年前に宇宙を旅行するテクノロジーを開発してから、宇宙のこの領域にある銀河群を定期的に調査してきた。地球の外観の変化に関する検査は、山脈地帯が上昇しては下がり、大陸は位置を変え、惑星の極はシフトし、氷冠は現れては消え、海は現れては消え、川、谷と渓谷は変わるということを明らかにしている。全ての場合、物質そのものは同じである。それは常に同じ砂である。全ての形と物質は基本的に同じ原料で作られており、それは決して劣化しない。

（マチルダ・オードネル・マックエルロイの個人記録）

（何兆年も経た文明が、技術的、また精神的にどれだけ進化したものになるのかを私は想像し始めることすらできません！　私たちの国がわずか 150 年前に比べてどれだけ進化したかを考えてみてください。たった数世代前まで移動手段は徒歩、乗馬、または船によるもので、読書は蝋燭の光の下で行われ、暖房と料理は暖炉の上で行われ、室内には配管工事は全くされていなませんでした！）

（インタビューの公式記録文書）

エアルはドメインの IS-BE 士官の能力を私に説明してくれました。そして彼女は－テレパシーを通して－小惑星帯に駐屯しているドメインの通信士官と連絡を取ることによって、その能力の一つを私に実演しました。

小惑星帯は、火星と木星の間にかつて存在していた惑星が分裂した何千もの残骸によって構成されています。それは外から私たちの銀河系の中心に向かって移動している宇宙船にとって、優れた低重力の出発点として機能しています。

彼女はこの士官に、ドメインの「ファイル」に保存されている情報から地球の歴史に関するものを調べるように要請しました。彼女はこの通信士官にこの情報をエアルに「フィード(入力)」するように要求しました。通信士官はすぐにこの要請に応じました。ドメインのファイルに保存されている情報に基づいて、エアルは私に短い概観、または「歴史のレッスン」を与えることができました。これがドメインが観察した地球の歴史についてエアルが私に教えたことです:

ドメインの遠征軍が天の川銀河系に最初に入ったのは、とても最近ーわずか 1 万年前くらいーのことだと彼女は教えてくれました。彼らの最初の行動は「オールド・エンパイア(旧帝国)」(これは正式な名前ではなくドメイン勢力が征服した文明につけたニックネームです)の本拠である、この銀河系と隣接する宇宙空間の中央政府の所在地であった惑星を征服することでした。これらの惑星は北斗七星の尻尾にある複数の星系の中に位置しています。彼女はそれらの星の厳密な名前は述べませんでした。

それから約 1500 年後、ドメインはこの銀河系の中心とさらにその先に通じる侵略経路に自分たちの勢力のための基地を設置し始めました。約 8200 年前にドメインの勢力は地球で現在のパキスタンとアフガニスタンの国境近くにあるヒマラヤ山脈に基地を建設しました。この基地はドメイン遠征軍の一個大隊のためのもので、それには約 3000 の構成員が含まれていました。

彼らは山の頂上の下、というよりはその内側に基地を建設しました。その部隊の宇宙船と隊員を収容できる十分に大きな区域を作るために山の頂上に穴が開けられ、中身は空洞にされました。それから、山の内側から「フォース・スクリーン(エネルギーでできた画面）」に偽りの映像を投影することによって、基地を隠すための山の頂上の電気的な幻影が作り出されました。それによって宇宙船はフォース・スクリーンを通って出入りすることはできるけれども、ホモ・サピエンスには見られないままであることができました。

彼らがそこに落ち着いた直後、基地は「旧帝国」軍の残党により奇襲攻撃を受けました。ドメインに知られていない形で「旧帝国」によって運営された火星の秘密地下基地がとても長い間存在していたのでした。ドメインの基地は火星の基地からの軍事攻撃により全滅させられ、ドメイン遠征軍の IS-BE たちは囚われてしまいました。

ドメインがこのように大きな部隊の士官と乗組員を失ったことに対してとても動揺したのは想像できると思います。そのためドメインは、彼らを探すために地球に他のチームを送り込みました。これらのチームもまた攻撃されました。囚われたドメイン軍の IS-BE たちは地球に送られてきた他の全ての IS-BE と同じ方法で処理されました。彼らは全員記憶喪失にされ、自分の記憶の代わりに偽りの映像と催眠暗示を与えられ、生物的な体の中に居住するように地球に送られました。彼らは未だに今日の人類の人口の一部です。

失われたクルーに関するとても粘り強い、また広範囲に及ぶ調査の結果、ドメインは「旧帝国」が非常に広範囲に及んだ、とても慎重に隠された作戦基地を銀河系のこの一帯で何百万年も運営してきたことを発見しました。正確にどれだけ長くかは誰も知りません。最終的に「旧帝国」軍とドメインの宇宙船は太陽系の宇宙空間で交戦しました。

エアルによると「旧帝国」軍とドメインの間で長期戦が西暦 1235 年まで続き、この時ドメイン軍はついにこの領域の「旧帝国」軍の最後の宇宙船を破壊しました。この期間に、ドメイン遠征軍もまた自軍の船をたくさん失いました。

約 1000 年後、西暦 1914 年の春に偶然に「旧帝国」の基地が発見された。オーストリアの大公の肉体がドメイン遠征軍の士官によって「乗っ取られた」時にそれは発見された。この士官は小惑星帯に駐留しており、定期的な偵察任務のために地球に送られたのだった。

この「乗っ取り」の目的は、この肉体を「変装」として使い、それを通して人間社会に潜入し、地球で現在起きている出来事についての情報を収集するためであった。その士官は IS-BE として大公の肉体の中に住んでいた存在よりも大きな力を持っていたため、単純にその存在を「押し」出してその肉体のコントロールを乗っ取ったのだった。

しかしこの士官は、ハプスブルグ家が国の中で抗争をしていた各派閥によってどれだけ憎まれていたかに気付いていなかった。そのため彼はボスニアの学生によって大公の肉体が暗殺された時、油断していた。その士官、または IS-BE は肉体が突然暗殺者によって銃撃された時、そこから「叩き出された」。その IS-BE は方向感覚を失ってしまい、不意に「記憶喪失バリア」の一つを突き抜けてしまい、捕えられた。

最終的にドメインは、地球も含む銀河系のこの端っこの中にいる全ての IS-BE たちをコントロールしている「電子バリア」によって宇宙の広範囲が監視されているということを発見した。その電子バリアは IS-BE を感知し、彼らがこの領域から去るのを防ぐように設計されている。

もし IS-BE がこのバリアを通り抜けようとすると、一種の「電子の網」の中にその IS-BE を「捕まえる」。その結果、捕えられた IS-BE は IS-BE の記憶を消去するとても激しい「洗脳」治療を施される。このプロセスは途方もない電気ショックを使用する。地球の精神科医が「電気ショック療法」を使って「患者」のパーソナリティと記憶を消去し、彼らをより「協調性のある人」に変えるのと同じように。

地球ではこの「治療」は数百ボルトの電気しか使わない。しかし、IS-BE に対して使われる「旧帝国」のオペレーションで使われる電流は数十億ボルトの規模である！　このとてつもないショックは IS-BE の記憶の全てを完全に消去する。その記憶消去はたった一つの転生、または一つの肉体のものだけではない。それはほとんど無限に近い過去から蓄積された記憶の全てと IS-BE のアイデンティティーの全てを消去する！

そのショックは IS-BE が自分が誰であるか、どこから来たのか、自分の知識や技術、過去の記憶とスピリチュアルな存在として機能する能力を思い出すのが不可能になるように意図されている。彼らは打ちのめされ、頭を使わないロボットのような自主性のない存在になる。

ショックの後、一連の後催眠暗示を使うことによって、一人ひとりの IS-BE に偽の記憶と偽の時間（に対する見当識）が組み込まれる。これには肉体が死んだ後、同じようなショックと催眠術が、繰り返し、繰り返し、繰り返し、永遠に続けることができるようにするために、基地に「帰還」する命令も含まれている。その催眠暗示はまた、その「患者」に思い出すことを忘れるように命じる。

この士官の体験からドメインが学んだのは、「旧帝国」が地球をとても長い時間－どれだけ長いかは知られていない－もしかしたら数百万年間牢獄惑星として使っていたということである。

つまり IS-BE の肉体が死ぬ時、彼らは肉体から去る。彼らは「バリア」によって感知され、捕えられ、催眠暗示で「光に戻る」ように「命令」される。「天国」と「あの世」という概念は催眠暗示の一部である－このメカニズムの全てを機能させている欺まんの一部である。

たった今生きた人生の記憶を消すために IS-BE がショックを与えられ、催眠術を掛けられた後、IS-BE はすぐに催眠状態の中で、まるで彼らが新しい肉体の中に居住するという秘密の使命を持っているかのように地球に「帰って報告する」ように「命令」される。一人ひとりの IS-BE は彼らが地球にいるのは特別な目的があるからだと教えられる。しかし、もちろん牢獄の中にいることに目的などない一少なくとも囚人にはない。

地球送りを宣告された、望ましくない IS-BE は「旧帝国」によって「アンタチャッブル(カースト制の最下層民)」に分類された。これには「旧帝国」が改心させたり、抑制したりするにはあまりにも凶暴な犯罪者、それから性的な変質者や生産性のある仕事をやる気がない存在たちのような他の犯罪者と判断したあらゆる者が含まれていた。

「アンタッチャブル」な IS-BE の分類にはまた、多種多様の「政治犯」も含まれている。これには非従順な「自由な発想」を持った者たち、または「旧帝国」の中の様々な惑星で政府に対して問題を起こす「革命家たち」と見なされた IS-BE も含まれている。もちろん「旧帝国」に対して過去に軍事行動を起こした記録のある者もまた全員地球に送られる。

「アンタッチャブル」のリストには、芸術家、画家、歌手、音楽家、作家、役者とあらゆる種類の上演者たちが含まれている。この理由のため地球の一人当たりの芸術家の割合は「旧帝国」の中の他のどの惑星よりも多い。

「アンタッチャブル」にはまた、インテリ、発明家とほとんどあらゆる分野の天才たちが含まれている。「旧帝国」が価値があると見なしているものははるか昔、過去数兆年の中でもう既に発明されたり、創造されたりしているため、彼らにはもはやそのようなものにはこれ以上使い道がない。これにはまた、従順なロボットのような市民で構成された社会では必要とされていない腕の立つマネージャーも含まれている。

「旧帝国」の階級制度の中で、税金を払う労働者として頭を使わない、経済的、政治的、また宗教的な奴隷状態に服従する気がない、またはそうすることができない者は誰であれ「アンタッチャブル」であり、記憶消去と地球での永遠に続く禁固刑の判決を下される。

その最終結果として、IS-BE は自分が誰であるか、どこから来たのか、自分がどこにいるのかを思い出すことができないため、脱出することができない。彼らは自分が、本当の自分以外の誰かまたは何かであり、ある時代にどこかにいると考えるように催眠術を掛けられる。

オーストリアの大公の肉体の中に居た時に「暗殺」されたドメインの士官もまた、「旧帝国」軍に捕らえられた。この特定の士官は他のほとんどの IS-BE と比べてとてもパワーの高い IS-BE であったため、火星の表面の下にある秘密の「旧帝国」基地に連れ去られた。彼らは、彼を特別な電子独房に入れて、そこに捕えていた。

幸いにもこのドメインの士官は、27 年間の監禁の後、その地下基地から脱出することができた。彼は「旧帝国」の基地から脱出した時、すぐに小惑星帯にある彼の基地に戻った。彼の司令官は、この士官が提供した基地の座標へ宇宙巡洋戦艦を派遣し、その基地を完全に破壊するように命令した。この「旧帝国」基地は火星の赤道から数百マイル北にあるシドニア地域に位置していた。

「旧帝国」の軍事基地は破壊されたが、残念なことに IS-BE バリア、電気ショック／記憶喪失／催眠術装置を構築している膨大な機械のほとんどは、今現在でも未だ発見されていない他の場所で機能し続けている。この「マインドコントロール刑務所」オペレーションの主要基地、または司令部はこれまで見つかっていない。そのためこの基地、または複数の基地の影響力はまだ効力がある。

「旧帝国」の宇宙軍が破壊されてから、他の惑星系が自分たちの「アンタッチャブル」の IS-BE をこの銀河系のあらゆる場所、また近くの他の銀河から地球に連れてくるのを活発に阻止するものが誰も残っていないということをドメインは観察してきた。そのため地球は、宇宙のこの領域の全てにとっての宇宙的なゴミ捨て場となった。

これは部分的に、この地球の IS-BE の住民たちの種族、文化、言語、道徳率、宗教的と政治的影響力のとても異常なごちゃ混ぜ状態を説明する。地球にある異種の文化の数と種類は、普通の惑星では極めて異常である。「太陽タイプ 12、クラス 7」の惑星の殆どには、もしヒューマノイドの肉体タイプまたは種族がそこに居住していたとしても、たった一種類が居住している。

さらに、地球の古代文明のほとんどが、また地球での出来事の多くが「旧帝国」基地の秘密の催眠術オペレーションにとても大きく影響されてきた。これまで、このオペレーションがどこで、どのように、また誰によって運営されているかを正確に解明した者はいない。なぜならそれは、バリアやトラップによってとても堅く守られているからである。

さらに、銀河系のこの端で、IS-BE バリアを作り上げている広大な古代からある電子機器のネットワークを発見し、破壊する作戦行動は行われていない。これが行われるまで我々は「旧帝国」の牢獄惑星における電気ショック・オペレーション、催眠術と遠隔の思考操作を防いだり止めたりすることはできない。

もちろんドメイン遠征軍の乗組員は皆、今や「旧帝国」のトラップに感知され、捕まることを防ぐために、この太陽系の中で行動している間は常にこの現象を意識し続けている。

第八章

近代史のレッスン

（マチルダ・オードネル・マックエルコイの個人記録）

このインタビューは、地球で書かれた教科書の中では決して読むことのない歴史の授業を私に教えました！　出来事に対するドメインの視点は私たちとだいぶ違います。

（インタビューの公式記録文書）

機密

合衆国陸軍航空隊公式記録文書
ロズウェル陸軍飛行場、第 509 爆撃大隊
件名：エイリアン・インタビュー、1947 年 7 月 26 日、第一セッション

ドメイン遠征軍は、この太陽系の中の「旧帝国」の宇宙艦隊の残存勢力が破壊された西暦 1150 年から西洋社会の科学と文化の復活を観察してきた。遠隔操作による催眠術オペレーションの影響力はその時代のあと少し軽減したが、未だにそのほとんどは効力が残っている。

「旧帝国」の遠隔マインドコントロール・オペレーションに少量の損害が与えられたようであり、それはこの装置の力を少量低下させる結果となった。その結果、IS-BE たちが地球に来る前に知っていたテクノロジーの記憶のいくつかが思い出され始めた。

その後、ヨーロッパの「暗黒時代」と呼ばれる知識の弾圧はその時代からは減少し始めた。

その時から物理と電気の基本法則の知識がほぼ一晩で地球の文化に革命をもたらした。西暦 1150 年以前のように活発に抑圧されなくなった時、地球の IS-BE の住民の中にいる天才たちの多くがテクノロジーを思い出す能力を部分的に回復した。アイザック・ニュートンはこれの最も良い例の一つである。たった数十年で彼は一人で主要で根本的な科学と数学の分野のいくつかを再発明した。

これらの科学を「思い出した」男たちは、地球に送られる前からそれらを既に知っていた。普通では一つの人生、または数百の人生を費やしてでも科学と数学についてこれだけのことを観察、または発見する者は誰もいない。これらの学科を築くのに、いくつもの文明が何十億年も費やしたのだ！

地球の IS-BE たちは、宇宙の至る所で存在しているあらゆるテクノロジーの小さな断片を思い出し始めたばかりである。理論上は、地球に対して使われている記憶喪失装置を完全に破壊することができれば、IS-BE たちは自分の記憶の全てを思い出すことになる！

残念なことに、人間性に関しては同じような進化は見られていない。なぜなら地球の IS-BE たちは、お互いに対してとても酷く振舞い続けている。しかし、この振る舞いは、転生と転生の間に各 IS-BE に与えられる「催眠暗示」にとても大きく影響されている。

そして、地球の「囚人たち」のとても異常な組み合わせー犯罪人、変質者、芸術家、革命家と天才ーはとても落ち着かない、騒然とした環境の原因となっている。牢獄惑星の目的は、IS-BE を永遠に地球に閉じ込めることである。無知、迷信と IS-BE 間の戦争を促進することが囚人たちを障害者にし、電子バリアの「壁」の裏で捕えられたままにするのに役に立つ。

IS-BE たちは、この銀河系の至る所、隣接する銀河とシリウス、アルデバラン、プレアデス、オリオン、ドラコニス、等の無数の他の「旧帝国」中の惑星系からこの地球に捨てられてきた。名も無き種族、文明、文化的背景と惑星環境からの IS-BE たちが地球にいる。様々な IS-BE の住民の全ては、自分の言語、信仰体系、道徳的価値観、宗教的信仰、教育と知られていないし話されていない歴史を持っている。

これらの IS-BE たちは前からいた、40 万年以上も前に他の星系から来てアトランティスとレムーリアの文明を築いた地球の住人たちと一緒に混じっている。これらの文明は現在の「監獄」の囚人たちが到着し始める何千年も前に、惑星の「ポールシフト」が引き起こした津波の下に消えた。それらの星系からの IS-BE たちはオーストラリアを起源とした、地球の原初の東洋の人種たちの源だったようである。

それとは別に、「旧帝国」の牢獄システムによって地球に築かれた文明は、他の銀河の IS-BE たちによって核兵器で征服され植民地化された、それ以前の文明の複合体である原子力の電子スペース・オペラである「旧帝国」そのものの文明とは大きく違ったものだった。

かつての「旧帝国」を支配していた官僚機構は、古代のスペース・オペラ文明からきたものであり、王族を名目上の君主とした残忍な社会的、経済的と政治的な階層によって管理されている全体主義の惑星政府の連名である。

市民が自立した自己規制のための個人的な責任を放棄した惑星では、このような政府は頻繁に出現する。他のあらゆる IS-BE は、支配されるか滅ぼされなければならない自分たちの敵であるという圧倒的な偏執症を患う発狂した IS-BE たちによって彼らはしばしば自由を失ってしまう。彼らが愛し、大切だと信奉している最も近い友人や協力者は、言葉通り彼らによって「死ぬほど愛される」のである。

そのようなIS-BEたちが存在しているため、ドメインが学んだのは、自由とは勝ち取り、永続的な警戒と自衛力の行使を通して保たなければならないということである。その結果、ドメインはもう既に「旧帝国」の統治惑星を征服した。ドメインの文明はそれよりもかなり規模が小さく、若いにもかかわらず、もう既により力を持っており、より良く組織されており、「旧帝国」の歴史で一度も知られることのなかった平等主義の団結心によって結ばれている。

つい最近崩壊したドイツの全体主義国家は「旧帝国」に似ていたが、それに比べてはるかに残酷でなく、約1万分の1の力しかなかった。地球のIS-BEたちの多くがここにいるのは、彼らは全体主義政府に対し猛烈に反対しているからである。または彼らがあまりにも異常に狂暴であるため、「旧帝国」の政府が支配することができなかったからである。

その結果、地球の人口はそのような存在たちの割合が不均等にとても高い構成となっている。地球のIS-BEたちの対立する文化的、また道徳的、論理的模範は極めて異常である。

ドメインによる「旧帝国」の中心惑星の征服は電子カノン砲で戦われた。「旧帝国」の政府の中枢を形成している惑星の市民たちは、不潔で、堕落した、自分で考えない愚かな納税義務のある労働者の奴隷社会であり、共食いの習慣がある。彼らの唯一の娯楽は、暴力的な自動車のレースと血みどろなローマの闘技場型のエンターテインメントである。

「旧帝国」の惑星を征服するために核兵器を使うどのような正当な理由があったにせよ、ドメインは原始的な放射能の力を使う武器を使用することによってそれらの惑星の資源を台無しにしてしまわないように気をつけている。

ドメインにとって代われる前の「旧帝国」の政府は、あなたたちのつい最近の世界大戦の枢軸国にとても似た、とても臆病な知性を持った存在たちによって構成されていた。その存在たちは、彼らを地球に永遠に監禁するために追放した銀河系政府の者たちと全く同じ振る舞いを示した。それは、IS-BE は多くの場合、他人から受けた扱いを顕現させる、という古き格言を身の毛もよだつ形で思い出させるものだった。優しさは優しさを育む、残忍さは残忍さを生み出す。人は力を持ち、それを使うのを厭わない必要があるが、無実な者に危害を加えるのを防ぐためにそれを知性で抑えなければならない。しかし、残忍性の動機となった悪意によって圧倒されずに効果的に残忍さを防ぐには、尋常でない理解、自制と勇気が必要である。

「論理」または「科学」を使い、あらゆる問題の「最終的解決」が、全ての芸術家、天才、才能のあるマネージャーと発明家を殺し、その記憶を永遠に消し、一つの銀河全体の政敵、殺人者、泥棒、変質者と障害を持った存在たちと一緒に牢獄惑星に放り込むことである、と考えつくのは悪魔のような独善的な政府だけである！

「旧帝国」から追放された IS-BE が一度地球に到達すると、彼らは記憶喪失にされ、催眠術を使って自分に他の何かが起きたのだと考えるようにだまされる。次の段階は IS-BE を地球の生物的な体に埋め込むことであった。それらの体は、「旧帝国」とは全く異なって見えるように設計され、IS-BE たちの頭にインストールされた「偽の文明」の人口になったのだった。

インド、エジプト、バビロニア、ギリシャ、ローマと中世ヨーロッパの IS-BE たちは全員、それらの社会の文化的な要素を、宇宙の至る所で何兆年も存在してきた「太陽タイプ 12 クラス 7」の惑星にある、以前から存在する多くの似たような文明の IS-BE たちが発達させた標準の型に従って形作り、築くように導かれたのだった。

一番初めの頃、牢獄地球に送られた IS-BE たちはインドに住んでいた。彼らは次第にメソポタミア、エジプト、メソアメリカ、アハイア、ギリシャ、ローマ、中世ヨーロッパと新世界へと広がっていった。彼らは「旧帝国」の牢獄の看守たちによって、ある特定の文明の型に従うように催眠暗示で「命令」された。これは本当の時間と位置を、地球に監禁されている IS-BE たちから偽装するには効果的なメカニズムである。一つ一つの偽文明の言語、服装と文化は、地球にいる IS-BE に彼らが強制送還された「旧帝国」の惑星のことを思い出させないため、記憶喪失を強化するように意図されている。

はるか古代の時代、この種類の文明は、それらを創造した IS-BE たちが特定の型とスタイルに慣れてしまい、それらに固執したため、自分たちを何度も何度も繰り返す傾向があった。なぜなら文化、建築様式、言語、習慣、数学、論理感などなどが全部揃った一つの完全な文明を発明することは多大な労力を必要とする。親しみのある、成功した型に基づいて、コピーを複製する方がはるかに簡単である。

「太陽タイプ 12 クラス 7」の惑星は、炭素-酸素基の生命体が居住する惑星に与えられる表記である。惑星のクラスは星の大きさと放射線強度、その惑星の軌道が星からどれだけ離れているか、また惑星の大きさ、密度、重力と科学成分に基づいている。同じように動植物もそれらが居住している星のタイプと惑星のクラスに従って分類される。

平均して、物理的な宇宙では呼吸できる大気を持った惑星の割合は比較的小さなものだ。ほとんどの惑星は、地球のような大気の化学成分が植物と他の有機体に栄養分を提供し、それが代わりに他の生命体を支える、生命体が「常食」できる大気は持っていない。

ドメインの勢力がヴェーダの讃美歌を 8200 年前にヒマラヤ地域にもたらした時、いくつかの人間の社会はもう既に存在していた。アーリア人たちがインドを侵略し、征服し、ヴェーダの讃美歌集をその地域に持ち込んだ。

ヴェーダは彼らによって学ばれ、記憶され、7000 年の間口頭で継承され、その後文書化された。その期間の間、ドメイン遠征軍の士官の一人が地上で「ヴィシュヌ」として転生した。彼はリグ・ヴェーダの中で何度も記載されている。ヒンズー教の者たちは彼を未だに神と見なしている。彼は「旧帝国」の勢力に対する宗教戦争の中で戦った。彼は非常に優秀で、攻撃的な IS-BE であり、とても有能な士官でもあり、その後ドメインの中で別の任務に転任された。

このエピソードの全ては「旧帝国」の行政官たちによって任命されたエジプトの神々に対する攻撃と反乱として画策された。この戦争には人類に埋め込まれた、注意をたくさんの「神々」とそれを「管理」していた神官たちが要求した迷信的な儀式、崇拝に意識を集中させた偽の文明の要素から人類が解放されるのを援助する意図があった。それら全ては「旧帝国」による、地球の IS-BE たちに対する自分たちの犯罪行為を隠すための精神操作の一部である。

神官という地位、または看守たちは、個人とは生物的な体でしかなく不死のスピリチュアルな存在ではないという観念を強めるために役に立った。個人にはアイデンティティーはない。個人には過去生はない。個人には力はない。神々のみが力を持っている。そして神々とは神官たちの企みであり、彼らが人と、人が仕える神々との間を仲裁する。従わないと永遠に続くスピリチュアルな罰で脅す神官たちの命令に対して人は奴隷である。

全ての囚人が記憶喪失者であり、神官たち自身が囚人である牢獄惑星で他に何を期待することができるのか？ ドメイン勢力による地球への介入は、未だに機能し続けている「旧帝国」のマインドコントロール・オペレーションのために完全に成功はしていない。

宗教的な征服を通して「旧帝国」勢力とドメインの間に戦争が行われた。紀元前 1500 年とおよそ紀元前 1200 年の間にドメイン勢力は、個人の不死のスピリチュアルな存在という概念を地球の複数の影響力のある存在たちに教えることを試みた。

そのうちの一つの事例は、その概念のとても悲劇的な誤解、誤訳と誤用という結果をもたらした。その観念は歪められ、皆がIS-BE であるという真実の代わりに、IS-BE は一人しかいないことを意味するというように適用された！　明らかにこれは酷い理解力の無さであり、自分自身の力に対して責任を負うことに対して完全に不本意であったということである。

「旧帝国」の神官たちは、個人の不死という概念を、全能な IS-BE は一人しかおらず、他の誰も IS-BE でないし、それになることも許されないという観念にうまく変造することができた。明らかにこれは「旧帝国」の記憶喪失オペレーションの仕業である。

この改ざんされた考えを、自分の人生に対して責任を負いたくない者たちに教えるのは簡単である。奴隷とはそのような存在である。創造、存在と自分の思考と行動に対する個人的な説明責任に関する責任を他人にとらせる選択をする限り、その者は奴隷である。

その結果、一つの一神教的な「神」の概念がもたらされ、多くの自らを預言者と称した者たち、例えばユダヤ人の奴隷たちの指導者モーゼ、によって布教された。モーゼはファラオ、アメンホテプ三世と彼の息子イクナートン、イクナートンの妻ネフェルティティ、それからイクナートンの息子ツタンカーメンの王室の中で育った。

地球の特定の存在たちに、彼ら自身が IS-BE であるという真実を教えるという試みは、エジプトではアモンの神官たちとして知られている「蛇の兄弟たち」と呼ばれる「旧帝国」の密教的カルトによって創造された架空の、隠喩的で、擬人化された大勢の神々を打倒する計画の一部だった。彼らは「旧帝国」内部ではるか古代から存在する秘密社会だった。

ファラオ・イクナートンはあまり賢い存在ではなかった、また自分を美化するという個人的な野心に大きく影響されていた。彼は個人のスピリチュアルな存在という概念を改ざんし、その概念を太陽神アテンに体現させた。彼の惨めな人生はすぐに終わらされた。彼は「旧帝国」勢力の利益を代表していたアモン、または未だにキリスト教徒たちが言う「アーメン」、の二人の神官マヤとパレネフェルの手によって暗殺された。

「唯一神」という観念はヘブライ人の指導者モーゼにより、彼がエジプトにいた間に不朽のものにされた。彼は、自分の人々であると選んだユダヤの奴隷たちと一緒にエジプトを去った。彼らが砂漠を横断している時に、モーゼはシナイ山の近くで「旧帝国」の工作員に止められた。モーゼは催眠暗示と IS-BE を捕縛するために「旧帝国」が頻繁に使う技術的、感覚的幻覚の使用を通して、この工作員が「その」唯一神であると信じるようにだまされた。その時から、モーゼの言葉を暗黙のうちに信頼していたユダヤの奴隷たちは、彼らが「ヤハウェ」と呼ぶ一つの神を崇拝してきた。

「ヤハウェ」という名前は「匿名」という意味である。なぜならモーゼと「協力した」IS-BE は実際の名前、または自分の身元を特定する、または記憶喪失／牢獄オペレーションの隠ぺいを暴いてしまうようなものは使えなかったからである。この秘密裏の記憶喪失／催眠術／監獄システムが絶対にやりたくないことは、地球の IS-BE たちに自分たちを公然と明らかにすることである。彼らは、それが囚人たちの記憶を回復させてしまうと感じている！

これが、宇宙文明の工作員と人間の間の物理的な遭遇のあらゆる痕跡がとても入念に隠され、偽装され、隠蔽され、否定するか、誤った方向に向かわせられる理由である。

この「旧帝国」の工作員は砂漠の山の頂上でモーゼと接触し、「十の催眠暗示」を彼に言い渡した。これらの命令はとても強硬な言葉で表現されており、IS-BE を操作者の意思に対して完全に従属的にさせる。これらの催眠暗示は未だに効果があり、何千年後も何百万という IS-BE たちの思考パターンに影響を与えている。

ついでだが、我々は後に、このいわゆる「ヤハウェ」は旧約聖書の文書を書き、プログラムし、暗号化したということを突き止めた。それを文字通り、または解読された状態で読めば、それを読んだ者たちにさらに大量の偽情報を与える。

最終的にヴェーダの讃美歌集は、ほとんど全ての東洋の宗教の源になり、仏陀、老子、ゾロアスターと他の哲学者たちに共通する思想の哲学的な源であった。これらの哲学の啓蒙的な影響がやがて「旧帝国」の宗教の残忍な偶像崇拝に取って代わり、優しさと思いやりの真の起源であった。

あなたは以前私に、なぜドメインと他の宇宙文明が地球に着陸したり自分たちの存在を皆に知らせたりしないのか？　と聞いた。地球に着陸？　あなたは我々が発狂している、または発狂したいと思っているのだろうか？　とても勇敢な IS-BE でなければ大気の中を降下し地球に着陸することはできない。なぜならこれは監獄惑星であり、完全に野放しの精神病の住民たちがいるからだ。そしてどのような IS-BE でも罠にかかるという危険性に対して完全な耐性は持っていない。8200 年前にヒマラヤ地方で囚われたドメイン遠征軍のメンバーたちと同じように。

地球の IS-BE が何をするのかは誰にも分からない。現時点では、我々はこの地域の周辺の宇宙空間の全てを完全に支配するためにドメインの資源を投資するように予定されてはいない。これはそれほど遠くない未来ードメインの計画によれば約 5000 地球年ーに起きる。現時点では、我々は他の惑星系や銀河からの輸送船が記憶喪失バリアの領域の中に IS-BE たちを捨て続けるのは阻止していない。いずれこれは変わる。

さらに地球は本質的に非常に不安定な惑星である。どのような持続可能な文明にとってもそれは定住したり、永続的に居住したりするには適していない。それが牢獄惑星として使われている理由の一部でもある。様々な単純で説得力のある理由のために他には誰も此処に住むことを本気で検討するものはいない：

1) 地球の大陸の陸塊は表面の下にある溶岩の海の上に浮いており、それは陸塊がひび割れ、崩壊し、漂流し続ける原因となっている。

2) コアの液体的な性質のため、この惑星の大部分は火山性であり、地震と火山爆発の被害にさらされる。

3) この惑星の磁極は約 2 万年毎に劇的に移動する。これは津波と気候変動によって、程度の差はあるが、荒廃をもたらす原因となる。

4) 地球はこの銀河系の中心と他のあらゆる重要な銀河的文明から遠く離れている。この孤立がそれを銀河系間を移動する間の「補給基地」または出発点としての使用以外には不向きにしている。月と小惑星の方がこの目的にはるかに向いている、なぜならそれらの場所には大きな重力がない。

5) 地球はとても重力が重い惑星であり、土壌は重金属であり、大気はとても濃い。これがそれを航行目的には危険なものにしている。私の宇宙船のテクノロジーと私のパイロットとしての豊富な専門技術にもかかわらず、飛行事故の結果私がこの部屋にいる事実がこれらのことを証明している。

6) ドメインの広大な範囲、また我々が未来に要求するであろう領域は言うまでもなく、天の川銀河の中だけで地球のような(太陽タイプ 12 クラス 7)惑星は約 600 億個ある。我々の資源を無理に使って、地球の定期的な偵察よりも多くのことをするのは困難である。ここに資源を投資しても目前の利益はないのだから尚更そうである。

7) 地球の存在たちのほとんどが自分が IS-BE であるということを知覚していないし、どのような種類であってもスピリットが存在するということも知覚していない。他の多くの存在たちはこれを知覚しているが、殆ど全員が IS-BE としての自分に対する理解が制限されている。

このような状態である理由の一つが、時間の始まりから IS-BE たちはお互いに対して戦争を仕掛けてきたからである。これらの戦争の目的は常に一人の IS-BE、または IS-BE のグループが他の IS-BE に対する支配を確立するためのものだった。IS-BE は「殺される」ことはできないため、目的は IS-BE を捕え、動けなくすることだった。これは殆ど無限の種類の方法でなされてきた。IS-BE を捕え、動けなくする最も簡単な方法は様々な種類の「トラップ(罠)」の使用を通してである。

IS-BE トラップは 64 兆年前に「旧帝国」を築き始めた文明のような多くの侵略的な文明によって作成され、設置されてきた。トラップは頻繁に、攻撃される IS-BE の「領域」の中で設置される。大抵の場合トラップには IS-BE の興味と注意を引くために「美しさ」の電波がセットされる。IS-BE がこの美の波、例えば美しい建物、または美しい音楽の源に向かって動くと、そのトラップは IS-BE から放射されるエネルギーによって作動する。

最も一般的なトラップの仕組みは IS-BE がトラップを攻撃したり、それに反撃したりしようとする時に、IS-BE 自身の思考のエネルギーの出力を使うものである。トラップは IS-BE 自身の思考のエネルギーによって作動し、エネルギーを与えられる。IS-BE がトラップに対して強く戦えば戦うほど、それはさらに IS-BE をトラップの中に引き寄せ、トラップの中で「動きがとれない」状態にし続ける。

この物理的な宇宙の歴史の全ての中で、そのような形で宇宙の新しい領域を侵略し、占領する IS-BE の文明によって宇宙の広大な領域が占領され、植民地化されてきた。過去においては、これらの侵略は常に共通した要素を共有してきた:

1) 圧倒的な武力の使用。大抵は核、または電子兵器によって。

2) 電気ショック、ドラッグ、催眠術、記憶の消去とその地域の IS-BE の住民を従属させ奴隷にする意図で、偽の記憶、または偽の情報を埋め込むことを通して侵略された領域にいたIS-BEたちへマインド・コントロールを施すこと。

3） 侵略するIS-BEたちによって自然の資源が搾取される。

4） 現地の住民を政治的、経済的、社会的に奴隷にすること。

これらの活動は現時点でも続いている。地球のIS-BEたちは全員過去にこれらの活動の一つ、または複数に関わってきた。侵略者、または侵略される住民の一部の両方として。この宇宙に「聖人」はいない。IS-BE間の戦争を避けた、またはそれから免除された者は非常に少ない。

地球のIS-BEたちは、この瞬間も未だにこの活動の犠牲者である。転生の間にIS-BEに施される記憶喪失は、IS-BEが脱出するのを防ぐ巧妙な「旧帝国」のIS-BEトラップ・システムの仕組みの一つである。

この作戦は、「旧帝国」の法的に認められていない反乱分子の秘密警察組織によって管理され、自分たちの政府、ドメイン、また自分たちの活動の犠牲者によって発見されるのを防ぐために、活動を偽装するための偽旗作戦を用いている。それらは政府の精神医学者によって開発されたマインド・コントロールの手法である。

地球は「スラム街」の惑星である。それは銀河間で起きた「大虐殺」の結果である。IS-BEたちは以下のどれかの理由で地球行きを宣告された：

1） その者たちはあまりにも凶暴な精神障害者であるか、変質者であるため、ある文明がどれほど堕落して腐敗していようとも、それの一部として機能することができない。

2） または、彼らは、「旧帝国」の中でとても入念に確立され、容赦なく実施されてきた社会的、経済的と政治的なカースト制に対する革命的な脅威だからである。「旧帝国」のカースト制の中では生物的な体は存在の最も低い地位になるように特定に設計され、指定されている。IS-BE が地球に送られ、その後生物的な体の中で機能するようにだまされたり、強要されたりした時、彼らは実際には牢獄の中の牢獄にいる。

3）「旧帝国」からそのような「アンタッチャブル」を永遠に、また元に戻せない形で排除する試みとして、全ての IS-BE の永遠のアイデンティティー、記憶と能力は強制的に消去される。この「最終的解決」は「旧帝国」によって管理されている精神病の犯罪者たちが思いつき、実行している。

第二次世界大戦中にドイツによって建設された収容所と「アンタッチャブル」たちの大量根絶は最近明らかになった。同じように地球の IS-BE たちは、虚弱な生物的肉体の中でのスピリチュアルな根絶と永遠の奴隷制の犠牲者たちであり、それは「旧帝国」にあった同じような臆病な憎しみによって引き起こされている。

地球の優しい創造的な囚人たちは、絶え間なく「旧帝国」の看守たちによって操られている殺戮者や狂人たちによって拷問にかけられている。地球のいわゆる「文明」というものは、役に立たないピラミッドの時代から核兵器による大虐殺の時代に至るまで、天然資源のとてつもない浪費、歪んだ形での知性の使用とこの惑星のあらゆる IS-BE のスピリチュアルな本質を公然と抑圧してきたものである。

もしドメインが「地獄」を探しに宇宙の隅々まで宇宙船を派遣したら、その探索は地球で終点を迎えるかもしれない。自分自身の本質であるスピリチュアルな知覚、自己認識、能力と記憶を消去することよりも残虐な行為はあるだろうか？

ドメインは未だに遠征軍の大隊の 3000 人の IS-BE たちを救出することができていない。彼らは地球で生物的な体の中に居住することを強制されている。我々は過去 8000 年の中で彼らのほとんどを見分け、追跡することができている。しかしながら、彼らとコミュニケーションを取るという我々の試みは、大抵の場合無駄である。なぜなら彼らは自分の本当のアイデンティティーを思い出すことができていないからだ。

ドメイン軍の失われたメンバーたちの大半は、インドから中東、そこからカルデア とバビロニア、そこからエジプトとアハイア、ギリシャ、ローマを通り、ヨーロッパ、そこから西半球、そしてそこから全世界へと全体的に進行した西洋文明について行った。

失われた大隊のメンバーたちと地球の他の多くの IS-BE たちは、もしかしたらドメインの貴重な市民かもしれない。それには狂暴な犯罪者や変質者は含まれない。残念ながら IS-BE たちを地球から解放する実行可能な手法は、これまで誰も思いついていない。

そのため、常識的に、またドメインの公式な方針として、「旧帝国」のバリアと記憶喪失装置の位置を発見し、それを破壊し、それから IS-BE の記憶を回復させるための治療法を開発するために適切な資源を割り当てることができるまでは、地球の IS-BE の住民とは接触を避けた方が安全で賢明である。

第九章

出来事のタイムライン

（マチルダ・オードネル・マックエルロイの個人記録）

私はこのインタビューのために手書きのメモを取りました。なぜならエアルは私にたくさんの日付や名前を与えたため、私はそれらを書き留めずには覚えておくことができませんでした。私は普段メモは取りませんが、このレッスンの間は彼女が私に与えた通りに情報を理解することが重要であると私は考えました。しかし私が気付いたのは、私のメモを取る行為が、エアルからコミュニケーションを受信することに意識を集中するのをとても難しいものにしてしまうということでした。時々私は自分の書く行動によってあまりにも気を逸らしてしまったため、彼女の思考の脈絡を失ってしまい、何度も彼女に「繰り返して」もらうように頼まなければなりませんでした。

エアルは小惑星帯の宇宙ステーションにいる通信士官とコミュニケーションを保ち続け、そこからこの情報の多くを受け取りました。エアルはドメインの士官／パイロット／エンジニアであって歴史家ではないため、この情報をドメイン遠征軍の他の士官によって行われた偵察任務の記録から得なければなりませんでした。

（インタビューの公式記録文書）

機密

合衆国陸軍航空隊公式記録文書
ロズウェル陸軍飛行場、第 509 爆撃大隊

件名：エイリアン・インタビュー、1947年7月27日、第一セッション

地球の実際の歴史はとても異様である。それはあまりにもばかげているため、地球でそれを調べようとするあらゆる人にとってそれは信じられないものである。無数の重要な情報が歴史から欠けている。歴史とは関係ない結論を生み出す遺跡や神話の巨大な集合体が任意にそこに導入されている。地球そのものの不安定な性質が周期的に物質的な証拠を覆ってしまい、押し流し、混ぜ合わせ、細かく刻んでしまう。

これらの因子が記憶喪失、催眠暗示、偽りの外観と秘密裏の操作と組み合わさり、地球の文明の実際の起源と歴史の復元をほとんど解読不能なものにしている。あらゆる研究者が、どれほど聡明であろうとも、結論の出ない仮説、機能しない憶測と永遠に続く謎の泥沼の中でもがく運命にある。

ドメインは記憶、長寿と外側からの視点という優位性を持っているためこれらの悩みに苦しめられていないので、私が地球の歴史に対するあなたの断片的な知識に明確な説明を付け加えてあげよう。

以下は地球の歴史の教科書には記載されていない、いくつかの日付と出来事である。これらの日付が重要なのは、「旧帝国」とドメインが地球にどのような影響を与えたかに関する情報をいくらかもたらすものだからである。

私はミッション管制センターの職員による、過去数百年の地球の全体的な背景に関する概況報告のいくつかに参加したが、我々が「旧帝国」の司令本部だった惑星を侵略した後に獲得した記録から集められたデータを主に頼りにする。その時からドメイン遠征軍は地球での出来事の全体的な進展を追跡してきた。

私が言及したように、我々の長期的な拡大計画の成功を確実にするために、ドメインは地球での特定の事件に時折介入することを選んできた。ドメインは地球そのもの、またはこの惑星の

IS-BE の住民には興味はないが、地球の資源が破壊されたり、損なわれたりしないように守ることは我々の目的にかなうものである。そのためにドメインの特定の士官たちが情報を収集するために時々偵察任務で地球に送られてきた。

しかしながら、以下の日付と出来事はドメインの記録の中で累積された情報－少なくとも宇宙ステーションの通信センターを通して私が入手できるもの－から推定されたものである。

紀元前 20 万 8 千年－

「旧帝国」が創設され、その司令部はこの銀河系の大熊座（北斗七星）の「尻尾にあたる星」の一つの近くに置かれていた。それよりも昔に「旧帝国」の侵略軍はその領域を核兵器で征服していた。放射能活動が通常値に戻り、浄化作業と修復活動が完了した後、別の銀河からこの銀河系への存在たちの移住を受け入れた。その存在たちは約 1 万年前にドメインによって取って代わられるまで続いた社会を築いた。

地球の文明は、今やその文明の直接的な支配から離れたため、つい最近になってその文明に様々な側面で似るようになった。とりわけ飛行機、電車、船、消防車と自動車のような輸送機関のテクノロジーと外観、また「旧帝国」の主要都市の建物の設計を模倣したあなたたちが「現代的」または「未来的」と見なす建築様式がそうである。

紀元前 7 万 5 千年以前－

ドメインの記録にはアトランタとレムールの大陸の陸塊にあった文明については、それらが地球でだいたい同じ時期に共存していたと言及する以外にはとても少ない情報しか入っていない。どうやら両方の文明は共に政治的、または宗教的迫害から逃れるために自分たちの出身の惑星系から逃れてきた電子的スペース・オペラ文化の生存者たちによって設立されたものだった。

ドメインは、「旧帝国」の長年にわたる法令の一つが、許可なしに惑星を植民地化することを禁じているということを知っている。そのため、それらの文明の滅亡は、入植者たちを犯罪人として追跡し破壊した警察、または軍事勢力によるものであると考えられる。これはあり得そうな推測ではあるが、二つの電子文明が完全に滅亡し、消えたことを説明する決定的な証拠はない。

もう一つの可能性は、スマトラにあるトバ湖の地域にある巨大な海底火山とジャワにあるクラカタウ山の噴火がレムールの破壊の原因となったものである。この噴火によって引き起こされた洪水が一番高い山も含めたすべての陸塊を沈没させた。この文明の滅亡の生存者であるレムーリア人は中国人の最古の祖先である。オーストラリアとその北の海域がレムーリア文化の中心であり、東洋の種族の起源である。両方の文明は共に電子技術、飛行とスペース・オペラ文化と同様のテクノロジーを所有していた。

どうやらその火山の噴火はあまりにも大量の溶岩を噴出したため、その結果生まれた地球の殻の下の真空が広大な地域の陸塊が海の下に沈む原因となった。二つの文明が占有していた大陸の地域は、火山性物質で覆われ、地上のあらゆる文化に行きわたっている世界的な洪水の伝説と東洋の種族と文化の源流となった生存者以外にはそれらが存在していた証拠はほとんど残さずに、その後沈んだ。

そのような巨大な火山爆発は成層圏を有毒ガスで満たし、それは世界中に運ばれていく。このような火山噴火で通常排出されるゴミは、大気汚染により「40 日間昼夜を通して」続く雨を簡単に引き起こすことができ、それと同時に太陽からの放射線を長い期間に渡って宇宙に跳ね返すため、地球寒冷化を引き起こす。そのような出来事は氷河期、様々な生命体の絶滅と他にもたくさんの何千年も続く比較的長期的な変化を確実に引き起こす。

地球は、固有の無数の種類の自然に起きる世界的な天変地異のため、IS-BE たちが居住するには適していない惑星である。さらに、7 千万年以上も前に恐竜たちを絶滅させた時のように、IS-BE たちによって引き起こされた天変地異も不定期に起きる。その絶滅は銀河戦争によるものであり、その期間、地球と他にも多くの近隣の月や惑星が原子力兵器で爆撃された。原子爆発は火山噴火と同じように大気に粒子を降らす。この銀河系のこの領域にある惑星のほとんどはその時から無人の砂漠になっている。地球は他にもたくさんの理由により望ましくない：重い重力、高密度の大気、洪水、地震、火山、ポールシフト、大陸移動、隕石の衝突、大気と気候の変動、それらはいくつかの理由でしかない。このような環境の中で洗練された文明がどのような永続的な文明を発達させることができるのか？

さらに地球は、銀河系の「周縁にある星」の小さな惑星でしかない。これは地球を、銀河系の中心の方で存在している惑星文明の高密集地帯から地理学的にとても孤立させている。これらの明白な事実が地球を動物園または植物園として使用すること、または現在の用途である刑務所には適しているが、他にはあまり適していないものにしている。

紀元前 3 万年以前ー

地球は「アンタッチャブル」、つまり犯罪者、または非協調者であると判断された IS-BE たちの投棄場所と刑務所として使われ始めた。IS-BE たちは電子トラップの中で囚われ、カプセルに入れられ、「旧帝国」の様々な場所から地球に輸送されてきた。地下の「記憶喪失基地」が火星、また地球ではアフリカのルウェンゾリ山地、ポルトガルのピレネー山脈とモンゴルの草原に建設された。

これらの電子監視地点は、死において IS-BE が体から立ち去る時、IS-BE を感知し捕縛するように設計されたバリアを生み出している。IS-BE たちは、地球の住民を永続的な記憶喪失の状態に保つために、強烈な電力を使って洗脳される。長距離の電子思考統制メカニズムの使用を通して、さらなる住民の統制が導入されている。

これらの基地は未だに機能しており、ドメインにすらそれらを攻撃、または破壊するのは極めて難しい。ドメインは後日になるまではこの領域に大きな軍事力を維持することはない。

ピラミッド文明は地球の IS-BE 刑務所システムの一部として意図的に創造された。ピラミッドは「叡智」の象徴であるとされている。しかし、地球という惑星での「旧帝国」の「叡智」とは、**物質**、**意味**と**神秘**によって構築される複雑な記憶喪失「トラップ」の一部として機能するように意図されている。これらは、質量も意味も持っていない不死のスピリチュアルな存在の性質とは全く逆のものである。IS-BE が「在る」のは、単にそれ自身が自分は「在る」と考えたからである。

物質は星、惑星、気体、液体、エネルギー粒子とティーカップのような物体を含めた物理的な宇宙を象徴している。ピラミッドはとても、とても堅い物体である、「旧帝国」によって建築された建造物の全てがそうであったように。重く、巨大で、高密度な堅い物体は、永遠である、という幻想を生み出す。死体をリンネルで包み、樹脂に浸し、文字が刻まれた黄金の棺桶の中に置き、様々な不可解なシンボルで囲み、この世での所有物と一緒に埋葬することは永遠の命の幻想を生み出す。しかし高密度の重い物理的な宇宙のシンボルは IS-BE の正反対である。IS-BE は質量も時間も持っていない。物体は永遠には持続しない。IS-BE は永遠に「在る」。

意味：捏造された意味、は真実を知ることを妨げる。地球のピラミッド文化はでっち上げられた幻想である。それらは蛇の兄弟と呼ばれる「旧帝国」の密教的カルトによって考案された「偽りの文明」にすぎない。捏造された意味は地球の刑務所システムの囚人たちの間で記憶喪失メカニズムをさらに強化するための偽の社会の幻想を生み出すために発明された。

神秘とは、嘘と半端な真実によって構築されている。嘘は持続を生み出す。なぜならそれらは正確な日付、場所と出来事によって構成されている事実を改ざんするからである。真実が知られると、嘘はもはや持続しない。正確な真実が暴かれれば、それはもはや神秘ではない。

地球のピラミッド文明の全ては、幾重にも重ねられた嘘を巧妙にいくつかの真実と組み合わせることによって入念に考案された。「旧帝国」の神官カルトは、高度な数学とスペースオペラ・テクノロジーを芝居がかった比喩や象徴的表現と組み合わせた。これら全ては完全にでっち上げられた真実であり、美と神秘の魅惑で誘惑するものである。

難解な儀式、天文学的な整列、秘密の儀礼、巨大な記念碑、素晴らしい建築術、芸術的に表現された象形文字と半人半獣の「神々」は、地球の在監者である IS-BE たちのために解明できない神秘を作り出すように設計された。その神秘は、IS-BE たちは捕獲され、記憶喪失にされ、自分の故郷からはるか、はるか離れた惑星に監禁されているという真実から注意をそらす。

本当は地球のあらゆる IS-BE は、他の惑星系から地球に来たのだ。地球の人は誰一人として「原住民」ではない。人類は地球で「進化」したのではない。

過去では、エジプトの社会は刑務所の管理者、または神官たちによって運営され、彼らが順番にファラオを操り、財務を支配し、囚人たちを肉体的、また精神的に奴隷にし続けた。現代では神官たちは変わった。しかしその機能は同じである。しかしながら今や神官たちもまた囚人である。

神秘は刑務所の壁をさらに強固にする。「旧帝国」は、地球の IS-BE たちが自分たちの記憶を取り戻すかもしれないことを恐れた。そのため「旧帝国」の神官職の基本職務の一つは、地球の IS-BE たちが本当は自分が誰であり、どのように地球に来て、どこから来たのかを思い出すのを防ぐことである。

この刑務所システムの「旧帝国」運営者たちと彼らの上官たちは、IS-BE たちに、自分たちを殺し、捕縛し、所有物の全てを盗み、地球に送り、記憶喪失にし、永遠に監禁するように判決を下したのは誰なのかを思い出してほしくないのだ！

刑務所の囚人たちが全員突然、自分たちには自由になる権利があると思い出したら何が起きるかを想像してみなさい！　彼らが突然、自分たちは不当に監禁されているということに気付き、一丸となって看守たちに立ち向かったらどうなるだろうか？

彼らは囚人たちの故郷の惑星の文明に似たものは、どのようなものでも暴くのを恐れている。ある体、服の断片、シンボル、宇宙船、高度な電子機器、または故郷の惑星の文明のどのような名残りも、ある存在に「思い出させ」、彼の記憶を再び点火するかもしれない。

「旧帝国」の中で何百万年もかけて発達させられた捕獲と奴隷化の複雑なテクノロジーは、刑務所のための偽りの外観を生み出す意図をもって、地球の IS-BE たちに使用されてきた。これらの外観は、完全な形で一度にこの地球に設置された。一つ一つの構成要素が刑務所システムの完全に統合された一部である。

これには訳の分からない、二重表現の宗教も含まれている。あらゆるピラミッド文明は武力、恐れと無知によって住民を奴隷にし続けるための支配機構の一部としてそれを使っている。無関係の情報、幾何学的な模様、数学的な計算と天文学的な整列の解読不能な混乱状態は地球の IS-BE たちを混乱させ、見当識を失わせるための、不死のスピリットではなく個体に基づいた偽りのスピリチュアリティの一部である。

人の肉体が死んだ時、その者は死んだ後も「魂」または「カー」を保持するために、リンネルで包まれた前の肉体を含むこの世での自分の持ち物と一緒に埋葬された。IS-BE は魂を「持って」いない。IS-BE は魂なのだ。

IS-BE の故郷の惑星では、その存在が死んだり肉体から離れた時も、物質的な所有物は失われたり、盗まれたり、忘れらたりすることはなかった。IS-BE は戻ってきて自分の所有物を正当に要求することができた。しかし、もし IS-BE が記憶喪失であれば、彼らは自分が何らかの所有物を持っていたことを覚えていない。そのため、政府、保険会社、銀行家たち、親族たちと他のハゲタカたちが、死んだ者からの報復を恐れずに所有物をきれいさっぱりかすめ盗ることができた。

これらの捏造された意味の唯一の理由は、IS-BE はスピリットではなく物理的な物体であるという観念を植え付けるためである！　これは嘘である。それは IS-BE のためのトラップである。

無数の人が、果てしない量の時間を掛けて、エジプトと他の「旧帝国」文明というジグソーパズルを解こうと試みてきた。それらは、はめ合うことのないピースで作られたパズルである。質問はそれの答えそのものを提示している。エジプトと他のピラミッド文化の謎とは何なのか？　謎である！

紀元前 1 万 5000 年頃ー

「旧帝国」勢力はアンデス山脈において今日のボリビアにあるチチカカ湖(錫石の湖)の近くにあるティワナクで水力採鉱施設の建設を指導した。これにはカラササヤとして知られる巨大な切石の建造物の複合施設と、約標高 1 万 4 千フィートにある「太陽の門」の建設も含まれていた。

紀元前 1 万 1600 年ー

地球の極軸が海域に移った。氷冠が溶け、海面が上昇することにより地球の陸塊の大部分が水没し、最も最近の氷河期が突然終わった。最後まで残っていたアトランティスとレムーリアの名残りは水に覆われた。ポールシフトにより、アメリカ大陸、オーストラリアと北極地域で動物の大量絶滅が発生した。

紀元前 1 万 450 年ー

トートと呼ばれる「旧帝国」の IS-BE が、ギザの大ピラミッドを建設する計画を立てた。ピラミッドの 4 つの「通気口」は、正確にこの年にギザから見た「旧帝国」の主要な星の方向に向いている。地上でのギザのピラミッドの配列は、ナイル川が空の天の川銀河を地上で表すものとした場合、ギザから空を見た時のオリオン座の配列と完璧に合致している。

紀元前 1 万 400 年ー

地球の歴史家ヘロドトスによれば、滅びたアトランティス文明の電子テクノロジーとその社会の他のテクノロジーも含まれた記録がスフィンクスの前足の下にある貯蔵所に埋められたとされている。このギリシャの歴史家は、エジプトの都市であるヘリオポリスでシュメールの神であるアヌの神官であった彼の一部の友人たちからこれを教えられたと書いている。しかし、「旧帝国」刑務所組織の管理者たちが、電子文明の痕跡が損なわれていない形で保存されるのを許すのは大変疑わしい。

紀元前 8212 年ー

ヴェーダ、またはヴェーダ讃歌集は地球の様々な社会に持ち込まれた一式の宗教的な讃美歌集である。それらは口承され、記憶され、世代から世代へ受け継がれる。「暁の讃歌」には、ある空間の中でエネルギーと物質が創造され、成長し、維持され、崩壊し、死ぬ、または破壊される、という「物理的な宇宙の周期」と呼ばれる思想が含まれている。これらのサイクルが時間を生み出す。この同じ賛歌集は、「進化論」を説明している。ここには多量なスピリチュアルな真実を含む、膨大な量の一連の知識がある。残念ながら、それは人間たちによって誤った評価をされ、神官たちによっての嘘と事実の反転を通して改ざんされている。これらは、誰かがこの叡智を使ってこの牢獄惑星から脱出する道を発見するのを防ぐための仕掛け地雷である。

紀元前 8050ー

この銀河系内の「旧帝国」本惑星政府が破壊された。それは銀河系内の政治的組織としての「旧帝国」の終焉であった。しかし、ドメインが「旧帝国」の広大な広さを完全に征服するには何千年もかかる。「旧帝国」の政治的、経済的と文化的体制の慣性は、この先しばらくは依然として残るだろう。

しかしながら、地球の太陽系における「旧帝国」の宇宙艦隊の残党は西暦 1230 年についに破壊された。地球刑務所オペレーションを運営している「旧帝国」の工作員に加えて、他にも地球に来た「旧帝国」からの存在たちがいた。「旧帝国」がドメイン勢力に敗北した後、地球はもはやその支配下に置かれていなかったため、個人的な利益や他にもたくさんの非道な目的のためにこの惑星の資源を搾取するべく地球にやってきた軍隊の反乱分子、宇宙海賊、探鉱者、商売人と企業家たちを取り締まるための警察部隊がなかった。

例えば、ユダヤ人たちによる地球の歴史は、「ネフィリム」について述べている。創世記の第六章は「ネフィリム」の起源を説明している:

> 「人が地のおもてにふえ始めて、娘たちが彼らに生れた時、「神の子」たちは人の娘たちの美しいのを見て、自分の好む者を妻にめとった。そのころ、またその後にも、地にネフィリムがいた。これは神の子たちが人の娘たちのところにはいって、娘たちに産ませたものである。彼らは昔の勇士であり、有名な人々であった」

旧約聖書と呼ばれる歴史書を書いた古代ユダヤ人たちは奴隷、採集民と家畜を世話する人たちだった。どのような現代のテクノロジーでも、単純な懐中電灯すら、彼らにとっては仰天し、奇跡的なものであるように思われるだろう。彼らは説明できない現象やテクノロジーの全てをある「神」の業であると考えた。残念ながらこの振る舞いは、記憶喪失にされ、自分自身の体験、訓練、テクノロジー、パーソナリティ、またはアイデンティティーを思い出すことのできない IS-BE たちの間では一般的なものである。

明らかに、これらの者たちが男であり、地球の女性たちと性関係をもったのであれば、彼らは「神の子」たちではなかった。彼らは「旧帝国」の中の政治的状況を利用するために、または単に肉体的な感覚に耽るために、生物的な肉体の中に居住したIS-BE たちであった。彼らは警察と税務当局の手の届かない所で地球上に自分たちの小さな植民地を設けた。

偶然の一致で、「旧帝国」で IS-BE が犯すことのできる最も重大な犯罪の一つは、所得税法違反だった。「旧帝国」では、所得税は人を奴隷にする構造と刑罰として使われていた。所得税の申告に少しでも誤りがあれば、IS-BE は「アンタッチャブル」になり、その後に続くのは地球での禁固だった。

紀元前 6750 年ー

「旧帝国」により地球で他のピラミッド文明が設立された。これらはバビロニア、エジプト、中国とメソアメリカに築かれた。メソポタミア地域はサービス施設、通信基地、宇宙港とこれらの偽文明のための石切場の事業を提供した。

プタハとは、地球の住民に自分たちが「神聖な統治者」であると主張した「旧帝国」から来た代々の長官たちの中で、初代の長官に与えられた名前だった。

「エジプト」という言葉は、「ヘット・カー・プタハ」または「プタハのスピリットの家」という語句がギリシャ語の中で訛ってしまったものであると知った時にプタハの重要性を理解することができる。プタハは「開発者」というあだ名をつけられた。彼は建設技師だった。彼の神官長は、「職人たちの偉大な指導者」という称号を与えられた。

プタハはまた、エジプトの転生の神だった。彼が「口を開ける儀式」を始めたのであり、それは死体から「魂を解放」するために神官が葬式で執り行うものである。もちろん「魂」が解放された時、それらは捕えられ、記憶喪失にされ、再び地球に戻された。

地球でプタハの後を継いだ、いわゆる「神聖」な統治者はエジプト人たちに「ネテル」と呼ばれ、それは「守護者、または監視人」という意味だった。彼らのシンボルは蛇または竜であり、それは「蛇の兄弟たち」と呼ばれる「旧帝国」の秘密の神官社会を表していた。

「旧帝国」のエンジニアたちは、非常に集中させた光の波を使って石のブロックを素早く切り分け、掘削した。彼らはまた、バリアと宇宙船を使って、一つ一つが何百、または何千トンの重さの石を持ち上げ、輸送した。地上でのこれらの建造物の配置は、銀河系のこの領域にある様々な星に関連する測地学的、または天文学的な重要性があるということを見出すことができる。

これらの建物は、殆どの惑星の建築基準に比べると大雑把で非実用的である。ドメインのエンジニアとして私は、このような間に合わせの建造物はドメインの中の惑星では決して査察を通ることはないと証言することができる。ピラミッド文明で使われたような石のブロックは、今でも部分的に掘削されている状態で中東や他の場所の石切場で見ることができる。

ほとんどの建造物は急ぎで建てられた「小道具」であり、映画のセットで使われる西部劇の街の偽の外観にとても似ている。それらは一見本物で、何らかの用途、または価値があるように見えるが、何の価値もない。それらには有用な目的はない。ピラミッドと「旧帝国」が建築した他の全ての石の記念碑は、「神秘的記念碑」と呼ぶことができる。一体何の理由のために、これほどの資源を無駄にして、これだけの使い道のない建物を建設したのだろうか？　神秘的な幻を創造するためである。

実際にはこれらの「神聖な統治者」は全員、「旧帝国」の工作員として勤めた IS-BE たちであった。彼らは IS-BE ではあるが、確実に「神聖」ではない。

紀元前 6248 年ー

ドメインの宇宙軍総司令部とこの太陽系の中での「旧帝国」の宇宙艦隊の生き延びていた残党の間で活発な戦争状態が始まり、およそ 7500 年間続いた。それが始まったのは、ドメイン遠征軍の 3000 人の士官と隊員の一個大隊がヒマラヤ山脈に基地を設立した時だった。ドメインは「旧帝国」が地球を牢獄惑星として維持していたということに気付いていなかったため、その基地は要塞化されなかった。

ドメインの基地は地球の太陽系の中で活動を続けていた「旧帝国」の宇宙軍により攻撃され、破壊された。ドメインの一個大隊の IS-BE たちは捕えられ、火星に連れて行かれ、記憶喪失にされ、人間の生物的な体に居住するために地球に送り返された。彼らは未だに地球にいる。

紀元前 5965 年－

この太陽系の中でのドメイン軍の失踪に関する調査が、火星や他の場所での「旧帝国」の基地の発見に至った。ドメインは「旧帝国」の宇宙軍に対する防衛陣地として金星を制圧した。ドメイン遠征軍はまた、硫酸の雲で構成される非常に高密度、高温で、重い大気を持つ金星の生命体を監視している。金星のような大気環境に耐えられる地球の生命体はとても少ない。

ドメインはまた、地球の太陽系の中で秘密の基地、または宇宙ステーションを設立した。この太陽系には分裂した惑星がある－小惑星帯である。それは宇宙船の離着陸のためのとても便利な低重力プラットホームを提供している。それは天の川と隣接している銀河の間で、「銀河ジャンプ」するために使われている。銀河系のこちらの端では、入来する輸送船や他の宇宙船のための優良な銀河的な入口地点として機能する惑星はない。しかし、この分裂した惑星はとても理想的な宇宙ステーションとなっている。我々の「旧帝国」に対する戦争の結果、太陽系のこの領域は今やドメインの貴重な所有物である。

紀元前 3450 年－3100 年－

「旧帝国」の工作員、または「神聖な神々」による地球の事柄に対する介入は、この時にドメイン勢力により中断された。彼らは自分たちを人間の統治者に代えることを余儀なくされた。上エジプトと下エジプトを統一した第一王朝の人間のファラオたちの中で最初に統治を始めたファラオは偶然の一致で、「メン(men＝人)」という名前だった。彼はメン・ネフェル「メンの美しさ」と呼ばれる首都をエジプトに設立した。これは最初の 10 人の人間のファラオの継承を始め、「旧帝国」の行政官たちの間で 350 年間の混沌の期間が続いた。

紀元前 3200 年－

私が前に述べたように、この時期の地球はドメインと「旧帝国」の間で攻撃にさらされていた。もちろんこれは地球の考古学者、または歴史家たちにとっては全く道理が適っていない。なぜならエジプトの時代はスペース・オペラの時代なのだ。地球の歴史家たちは記憶喪失であるため、これは宗教的な時代でしかなかったと思い込んでいる。

さらに、この時代に地球に導入されたテクノロジーと文明は「あらかじめ準備、包装」されていたため、地球で進化したのではない。もちろん、エジプト、またはどのピラミッド文明からも、進化的な推移の結果、洗練された数学言語、文書、宗教、建築様式、文化的伝統が生まれたという証拠は地球上のどこにもない。これらの文化は、人種的な肉体タイプ、髪型、顔の化粧、儀式、道徳模範等などの詳細が全て完全に揃っている形で、一式の総合的なパッケージとして、ただ「現れた」のだ。

物質的な証拠が示唆しているのは、ドメインまたは「旧帝国」勢力による介入、または他のあらゆる地球外生命体の活動の証拠は全て、疑念を生み出さないために入念に「隠滅」されているということである。「旧帝国」勢力は、地球の IS-BE たちに自分が捕えられ、地球に移植され、洗脳されたということを疑ってほしくないのだ。

そのため地球の歴史家たちは、エジプトの神官たちは「光線銃」や「旧帝国」の他のテクノロジーを持っているはずがないと思い込み続けている。そして彼らは、神官たちが今でもキリスト教徒たちが口にする「アーメン」という言葉を言いながらそこら辺を歩いてる以外は、地球では何も起きていなかったと思っている。

紀元前 3172 年－

アンデス山脈のティワナコ、クスコ、キト、オリャンタイタンボ、マチュピチュ、パチャカマなどの都市にある「神々」の主要な採掘所と天文学的な建造物をつなぐ天文学的なグリッドが、青銅の作成に使われる錫を含めた希少金属の採掘のために配置された。もちろん金属は「神々」の所有物であった。

「旧帝国」勢力とドメインの間の戦争が原因で、この時期に地球で多種多様な企業家的な鉱山業が行われた。これらの探鉱者たちは、自分たちの彫像をいくつか刻んでいった。彼らは炭坑用のヘルメットを着ているのが見られる。カラササヤ神殿の半地下の中庭にあるポンセ・ステラの彫像は、石工がホルスターに彫刻道具を入れ、電子光線を放つ石切道具を使っているのを大雑把に描写したものである。「旧帝国」はまた、銀河系の間中の惑星で非常に長い間、採掘事業を維持してきた。地球の鉱物資源は現在ドメインの所有物である。

紀元前 2450 年－

カイロの近くの「大」ピラミッドと複数のピラミッド施設が完成した。「旧帝国」の管理人たちが作った碑文が、いわゆるピラミッド・テキストの中で見ることができる。その文章はピラミッドはプタハの息子トートの指示の下で建築されたと言っている。もちろん、王の間の中に王が埋葬されたことはない。なぜならピラミッドは埋葬室として使われるように意図されたことはないからだ。

大ピラミッドは、宇宙から見た時の地上の全ての陸塊の精密な中心点に正確に位置している。明らかにそのような精密な測量は空中からの視点、また地上の陸塊を宇宙から見ることが必要である。そうでなければ、地球の全ての大陸の測地的な中心点を純粋に数学的に計算することはできない。

ピラミッドの中にオリオン座、おおいぬ座と特にシリウスの星々の配列と整列するように通気口が建設された。それらの通気口はまた、「旧帝国」の本惑星が存在していた北斗七星にも整列している。また、オリオン座ζ星、竜座α星と小熊座β星も含まれている。これらの星々は「旧帝国」の主要な星系であり、そこからIS-BEたちは不用品として地球に連れてこられ、投げ捨てられていった。

ギザ高原にある全てのピラミッドの配置は、「旧帝国」の中の様々な太陽系や特定の星座の「鏡像」を地上に作るように意図されていた。

紀元前2181年ー

ミンがエジプトの豊饒の神になった。このIS-BEはパンとしても知られており、ギリシャの神でもあった。ミン、またはパンは「旧帝国」の記憶喪失システムからどうにかして脱出することができたIS-BEだった。

紀元前2160年-2040年ー

ドメイン勢力と「旧帝国」勢力の間の戦いが激化した結果の一つが、この時に「神聖な統治者」たちの支配が終わったことである。彼らはエジプトから去り、敗北の結果、いわゆる「天」に戻っていった。人間たちがファラオとして支配の役割を取って代わった。最初の人間のファラオがエジプトの首都をメンフィスからヘラクレオポリスに移した。

紀元前1500年ー

これが、ギリシャの賢者であるソロンにエジプトの大神官たち、ヘリオポリスのセノフィスとサイスのソンキスが伝えたアトランティスの滅亡の日付である。アヌの神官たちは、だいたいこの時期に地中海地域が「アトランティス」の人たちに侵略されたと記録している。もちろんこれらの人たちは、これよりも 7 万年前に存在していた大西洋にある古代アトランティス大陸から来た人たちではなかった。

彼らは自分たちの文明を壊滅させたテーラ山の噴火と津波から逃げて来たクレタ島のミノア文明からの難民であった。

プラトンのアトランティスに関する引例は、ギリシャの哲学者のソロンの書物から借りたものであり、ソロンはこの情報を、アトランティスのことを図らずもエジプト語でクレタ島の人々を意味する「ケプチュ」と呼んだエジプトの神官から与えられたのであった。ミノア文明の火山災害の生存者の一部はエジプトに助けを求めた。なぜならエジプトは当時、地中海地域の中で高い文化を持った唯一の別の文明だったからだ。

紀元前 1351 年-1337 年ー

ドメイン遠征軍は、「旧帝国」の蛇の兄弟としても知られているアムンの神官たちと呼ばれるエジプトの密教カルトに対して、積極的に宗教的な征服戦争を遂行した。この期間の間、ファラオ・イクナートンがアムンの神官の位を廃止し、エジプトの首都をテーベからエジプトの正確な測地学的な中心点であるアマルナに新しく移した。しかしこの「旧帝国」の宗教的な支配を転覆させる計画はすぐにダメになってしまった。

紀元前 1193 年ー

中近東とアハイアで、ギリシャとトロイアが支配権を巡って戦争をした。これはトロイア戦争のフィナーレであるトロイの滅亡で終わった。同時期に、地球の周辺の「宇宙ステーション」の支配権を巡って、二つの勢力による戦争が太陽系の宇宙空間の中でも戦われていた。その 300 年の期間に「旧帝国」勢力の残党による、ドメイン勢力に対する非常に激しい抵抗があった。しかしそれは長くは続かなかった、なぜならドメインに抵抗することは無駄だからである。

紀元前 850 年ー

盲目のギリシャの詩人ホメロスが「神々」について書いた物語は、ヴェーダの文書、シュメールの文書、バビロニアとエジプトの神話という、それ以前からあった情報源から借りて部分的に変更したものである。彼の詩と古代の世界の他の多くの「神話」は、「旧帝国」の記憶喪失オペレーションを避け、生物的な肉体なしに行動することができた IS-BE たちの地球での英雄的行為のとても正確な記述である。

紀元前 700 年ー

ヴェーダ賛歌集が初めてギリシャ語に翻訳された。これは西洋文明における文化的な革命の始まりであり、原始的で残忍な部族文化を、より道理にかなった行動に基づいた民主主義的な共和制に変貌させた。

紀元前 638 年-559 年ー

ギリシャの賢者であるソロンがアトランティスの存在を公表した。彼はエジプトで「旧帝国」の大神官であるヘリオポリスのセノフィスとサイスのソンキスの元で学び、彼らからこの情報を入手したのであった。

紀元前 630 年ー

ゾロアスターがペルシャでアフラ・マズダーと呼ばれる IS-BE に基づいた宗教的実践を作り出した。これは「旧帝国」の多種多様な神々に取って代わるために、ドメインの工作員たちがどんどんと導入し始めた「一神教」の神のまた一つの例だった。

紀元前 604 年ー

「道教」と呼ばれる小さな本を書いた哲学者である老子は、偉大な叡智を持った IS-BE であり「旧帝国」の記憶喪失/催眠術装置の影響を克服し、地球から脱出したのである。これを達成するためには、彼の IS-BE の性質に関する理解はとても素晴らしかったに違いない。

一般的な言い伝えでは、彼の人間としての最後の転生は中国の小さな村の中で生きたものだった。彼は自分の命の本質を熟考した。ゴータマ・シッダールタと同じように、彼は自分の思考と自分の過去生に直面した。そうすることにより彼は自分の記憶と能力、また不死の一部を取り戻したのだった。

老人として、彼は肉体から去るために村から離れ、森に行くことを決めた。村の門番が彼を止め、去る前に彼の個人的な哲学を書き留めるように嘆願したのだった。彼が自分自身のスピリットを再発見した「道」について与えた、ちょっとした助言がここにある:

「それを見ようとする者は見ることはないだろう;
それを聞こうとする者は聞くことはないだろう;
それを掴もうとする者は掴むことはないだろう。
その形のない無の存在、動の不動の源を。
スピリットの無限の本質が命の源である。
スピリットは自己である。

壁は部屋を作り上げ、支えるが、
それらの間の空間が最も重要である。
壺は粘土で形作られるが、
その中に形成される空間が最も有用である。
行動とは、無が何かに影響した結果である。
スピリットの無があらゆる形の源であるのと同じように。

人が大きな苦痛で悩まされるのは、体を持っているからである。
体がなければどのような苦痛に悩まされることができるのか?
人が自分のスピリットよりも自分の肉体を大切にすれば、
人は肉体になり、スピリットの道を失ってしまう。

自己、スピリットが幻想を創造する。

人の妄想とは、現実は幻想ではないというものである。
幻想を創造し、それらは現実より本物であるとする者がスピリットの道に従い、天の道を見つける」

紀元前 593 年ー

ユダヤ人たちによって書かれた創世記は、「天使たち」または「神の子たち」が地球の女性たちと性交し、彼女たちが彼らの子供たちを産んだことを記述している。彼らは多分、「旧帝国」からの反乱分子だったのであろう。彼らはまた、鉱物資源を盗むため、または麻薬を密輸するために銀河系外の領域から来た宇宙海賊、または商売人たちだったのかもしれない。

周辺の惑星や銀河から地球に来訪した者はたくさんいるということをドメインは観察したが、彼らがここで留まって住むことは稀である。一体どのような存在が無理矢理でもなければ牢獄惑星に住むだろうか？

その同じ本には、エゼキエルと言う名の人間がカルデアの地のケバル川のそばで宇宙船、または飛行機が着陸したのを目撃したと記述されている。彼のその船の描写は技術的にはとても原始的な言葉を使っているが、それでも「旧帝国」の円盤、または偵察機をかなり正確に描写している。それはヒマラヤ山脈のふもとの人々が「ヴィマーナ」を目撃したことと似ている。

彼らの創世記はまた、「ヤハウェ」は生物的な体を地球で 120 年間生きるように設計したと述べている。ほとんどの「太陽タイプ 12 クラス 7」惑星の生物的な体は大抵の場合、平均して約 150 年間もつように設計されている。地球の人間の体はそれの約半分くらいしか持たない。我々は、これは牢獄の管理人たちが、地球の人間の体の中に居住している IS-BE たちを記憶喪失装置の中でより頻繁にリサイクルするために、より頻繁に死ぬように人間の体の生物的構成要素を改造したからだと疑っている。

ここで留意すべきなのは「旧約聖書」の多くが、「旧帝国」の神官たちによってとても厳しく支配されていたバビロニアで、奴隷にされていたユダヤ人たちが監禁されている間に書かれたというものである。この本は偽りの時間の感覚と偽りの創造の源についての概念を導入している。

蛇は「旧帝国」のシンボルである。それは彼らの創造の話、またはギリシャ人の言う「創世記」の始まりに現れ、アダムとイヴによって比喩的に象徴されている最初の人間たちのスピリチュアルな破滅を引き起こす。

旧約聖書は明らかに「旧帝国」勢力に影響され、IS-BE たちが地球の生物的な体の中に誘導されるのを詳細に描写している。この本はまた、偽の記憶、嘘、迷信、「忘れろ」という命令と IS-BE たちを地球に捕え続けるように設計されているあらゆる種類の策略や罠の導入を含んだ「旧帝国」の洗脳活動の多くを描写している。最も重要なのは、それは、人間が不死のスピリチュアルな存在であるという知覚を破壊することである。

紀元前 580 年ー

デルポイの神託は、多くの神託の神殿のネットワークの中での神殿の一つだった。各神殿は通信施設であった。「旧帝国」の神官たちは各神殿のために、その地方の「神」を任命した。このネットワークの各神殿は、首都のテーベから 5° の緯距の間隔で正確に位置しており、地中海地域の至る所にあり、北限はバルト海であった。

それらの神殿は、いくつかある役割の中でも特に、後に「オンパロス」と呼ばれる電子信号機を保管するグリッドとして機能した。神託所のグリッド配置は地上の数マイル上空からしか見えない。原初の電子通信信号機のネットワークは神官職が解散した時に解除されており、その代わりに彫り込まれた石が置かれた。

「旧帝国」の神官職のシンボルはパイソン、竜、または蛇であった。デルポイではそれは「地竜」と呼ばれており、彫刻や花瓶画では常に蛇として描かれている。

ギリシャの神話では、デルポイの神殿にあるオンパロスの守護者は蛇であるパイソンという名の神託の巫女であった。彼女はIS-BE であり、アポロという名の「神」に征服された。彼は彼女をオンパロスの下に埋めた。これは一人の「神」が自分の神殿を別の神の墓の上に設置する事例の一つである。これは地球での「旧帝国」の神殿ネットワークを感知し、機能を無効にしたドメイン勢力についてのとても正確な婉曲表現である。これは地球の太陽系の中での「旧帝国」勢力に対する致命的な打撃の一つであった

紀元前 559 年ー

紀元前 5965 年に失踪したドメインの一個大隊の司令官が、ドメインから送られた捜索隊に感知され、居場所が特定された。この時彼は、ペルシャのキュロス二世として転生していた。

キュロス二世、そして彼が地球上で生きたインドからの連続的な人間としての転生に一緒についていった一個大隊の隊員たちは、独自の組織体系を使用していた。一部に置いてこれは、彼らが、当時では地球の歴史上最大の帝国を建国するのを可能にした。

彼を特定したドメインの捜索隊は、失踪した一個大隊を探し地球を数千年間旅して回った。この捜索隊は 900 人のドメインの士官によって構成されており、各 300 人の隊に分けられた。一つの隊は地上を探し、もう一つの隊が海を探し、三番目の隊が地球の周辺の宇宙空間を探した。様々な人間の文明の中で彼らの活動に関する報告がたくさんあるが、もちろん人間たちはそれらの活動は理解していなかった。

ドメインの捜索隊は、一個大隊の失踪した隊員たち一人ひとりの電子的署名、または波長を追跡するのに必要な多種多様な

電子探知装置を考案した。一部は宇宙で使用され、他は陸上で、また海中で IS-BE を探知するための特別な装置が発明された。

これらの電子探知装置の一つは、「生命の木」と言及されている。この装置は言葉通り、IS-BE そのものである生命を探知するように設計された道具である。これは広範囲にわたって広がるように設計された大きな電子網発生器であった。地球の古代人たひにとってこれは一種の木に似ていた、なぜならそれは電界発生器と電界受信機を格子状に織り合わせたものによって構成されているからである。この電界は IS-BE が体の中に居住していようと、外にいようと IS-BE の存在を感知する。

ドメインの捜索隊の各隊員は、この探知装置の携帯版を持っていた。シュメールの石の彫刻には翼を持った存在たちが松ぼっくりの形をした機材を使って、人間の体をスキャンしているのが示されている。彼らはまた、鷲の頭をした翼を持った存在たちが型通りの籠、またはバケツとして描写されたスキャナーのための電源装置を持ち運んでいる姿で示されている。

ドメイン捜索隊の空中部隊の隊員たちは、アフラ・マズダーによって指揮されており、多くの場合人間の解釈では「翼を持った神々」と呼ばれた。ペルシャ文明の至る所で、彼らが「フラワシ」と呼んだ翼を持った宇宙船を表現した石に刻まれたレリーフが大量にある。

ドメイン捜索隊の水中部隊の隊員たちは、地元の人間たちには「オアネス」と呼ばれていた。そのいわゆるオアネスの石の彫刻は彼らが銀の潜水服を着ている状態を示している。彼らは海の中で生きており、人間の住民には、魚に見えるような服装をした男たちであるかのように思われた。失踪した一個大隊の隊員たちの一部は、海の中でイルカ、またはクジラの体の中に居住しているのが発見された。

地上ではドメインの捜索隊はシュメール人たちによって「アヌンナキ」として言及されており、聖書の中では「ネフィリム」として言及されている。もちろん彼らの本当の使命と活動は、ホモ・サピエンスには明らかにされなかった。彼らの活動は意図的に偽装されてきた。そのためアヌンナキと他のドメインの捜索隊隊員に関する人間の話や伝説は正しく理解されておらず、とても酷く誤解されている。

完全で正確な情報が欠如していると、ある現象を観察している者は誰でも、その情報の意味を理解しようとする試みの中で説明を推測したり仮定したりする。そのため神話や歴史は実際に起きた出来事に基づいているかもしれないが、それらは同時にデータを誤って理解したり、誤解に基づいて評価したり、間違っている推測、理論と仮説で装飾したりされたものでいっぱいである。

ドメイン遠征軍の宇宙部隊は、「翼のある円盤」に乗って飛んでいるのを描写されている。これは IS-BE たちのスピリチュアルな力と同時にドメインの捜索隊が使った宇宙船を仄めかしている。

失踪した一個大隊の司令官は、キュロス二世として地球ではユダヤ人とイスラム教徒の両方からメシアと見なされていた IS-BE であった。彼は 50 年足らずで西洋文明の全てに普及した高度の論理観と人道的な哲学を確立した。

彼の領土の征服、人々の組織構成と巨大記念碑の建築計画はそれ以前も、その後も前例のないものであった。短い期間の中でそのような広範囲にわたる達成は、何千年も一緒に訓練を受け、作業に取り組んできたドメインの一部隊の指導者と訓練を受けた士官、パイロット、エンジニアと隊員たちが一つのチームとして行動していなければ不可能である。

我々は失踪した一個大隊のIS-BEたちの多くの居場所を発見することはできているが、ドメインは彼らの記憶を回復させ、現役の任務に戻らせることは未だにできていない。

もちろん我々は生物的な体の中に居住しているIS-BEをドメインの宇宙ステーションに移送することはできない、なぜなら我々の宇宙船の中には酸素がない。さらに、我々はそこでは生物的な存在のための生命維持装置を整備していない。これまでの我々の唯一の希望は、失踪した一個大隊のIS-BEたちの居場所を特定し、彼らの知覚、記憶とアイデンティティーを蘇らせることであった。いつの日か彼らは我々に再び加わることができるだろう。

紀元前200年ー

最後まで残った「旧帝国」のピラミッド文明は「テオティワカン」にある。そのアステカ語の名前は「神々の場所」、または「人が神に変えられた場所」という意味である。エジプトのギザのピラミッドの天文学的な配置のように、この施設の全ては太陽系の正確な縮尺模型であり、内惑星、小惑星帯、木星、土星、天王星、海王星と冥王星の軌道距離を正確に反映している。天王星は1787年まで現代の地球の天体望遠鏡によって「発見」されておらず、冥王星も1930年まで発見されていなかったため、ここで明らかなのは建設者は他の情報源からの情報を持っていたということである。

地球中のピラミッド文明に共通する性質は、スネーク、竜、またはヘビのイメージが常に使用されているということである。これは、ここにこれらの文明を植え付けた存在たちは、「神々」は爬虫類であるという幻想を作りたかったからである。これは記憶喪失を継続させるために設計された幻想の一部でもある。地球に偽りの文明を植え付けた存在たちは、あなたと全く同じIS-BEたちである。「旧帝国」でIS-BEたちが居住している生物的な肉体の多くは地球の肉体と外見がとても似ている。「神々」は爬虫類ではない、彼らが頻繁に蛇のように振舞うことはあっても。

西暦 1034 年-1124 年ー

アラビア世界の全てが一人の人間によって奴隷にされた：山の老人、ハッサン・イブン・アリー＝サッバーフ。彼は、恐怖と恐れを通してインド、小アジアと地中海沿岸地方の大部分を支配したイスラム教の一派として活動したハシシンを創設した。彼らは神官職に就き、「暗殺者」たちが文明化された世界を数百年にわたって支配することを可能にした非常に効果的なマインドコントロール・メカニズムと恐喝道具を使用した。

彼らの手法は単純である。若い男たちが誘拐され、ハシシを使って失神させられた。彼らはミルクと蜂蜜の川で装飾されたハーレムの中にある、美しい黒い瞳の乙女たちで満たされた庭の中へと連れて行かれた。若い男たちは、自分たちは楽園にいると教えられた。彼らは、殺すように命令された者の暗殺者として自分を犠牲にすれば、ここに戻って永遠に住むことができると約束された。男たちは再び気絶させられ、暗殺の使命を遂行するために再び世界に押し出されるのだった。

その間、山の老人はカリフ、または支払いを強要したどこぞの豊かな支配者に使者を送り、ラクダ数頭分の黄金、スパイス、香料、または他の貴重品を強要した。時間通りに支払いが到着しなければ、罪を犯した関係者たちを殺すために暗殺者が送られるのだった。自分の使命を全うし、殺され、「天国」に戻ることだけを望んでいたこの無名の暗殺者に対して、自分を守ることはほとんど不可能であった。

これは洗脳とマインドコントロール・オペレーションが巧みに、また強制的に使用されるとどれだけ単純で効果的であることができるかを示す、とても大雑把な例である。これは「旧帝国」によって地球の IS-BE の住民に対してどのように記憶喪失、マインドコントロール・オペレーションが使われているかの小規模な実演である。

西暦 1119 年ー

テンプル騎士団が第一十字軍の後にキリスト教の軍事組織として設立されるが、地球での「旧帝国」の名残りのために行動する工作員たちの作戦資金を集めるために、すぐに国際銀行システムの基盤に変えられた。

西暦 1135 年–1230 年ー

ドメイン遠征軍が地球周辺の太陽系で行動していた「旧帝国」宇宙艦隊の残党の残りを完全に壊滅させた。残念ながら、彼らの長い歴史を持つ思考コントロール・オペレーションの大部分は損なわれていないままである。

西暦 1307 年ー

テンプル騎士団は、騎士団に対して多額の借金を抱えていたフランスの王フィリップ 4 世により解体させられた。彼は騎士団の富の全てを没収することによって自分の借金を帳消しにしようとする試みのために、法王クレメント 5 世に騎士団の団員たちを糾弾し、逮捕し、偽りの自白を提供するように拷問し、火あぶりの刑にするように圧力を掛けた。

テンプル騎士団の大半はスイスに逃れ、そこで地球の経済を秘密裏に支配している国際銀行システムを設立した。

「旧帝国」の工作員たちは、国際銀行家たちに対して見えない影響力として行動している。これらの銀行は密かに地球の国家に武器と戦争を奨励し、資金を提供する非戦闘員の扇動者として、秘密裏に運営されている。戦争とは囚人たちを支配する内在的な仕組みである。

これらの国際銀行が出資している無意味な戦争による大量殺戮と大虐殺の目的は、地球の IS-BE たちがオープンなコミュニケーションを共有し、一緒に協力して繁栄し、覚醒し、自分たちの拘束から脱出するのを可能にしてしまうかもしれない活動を防ぐためである。

第十章

生物学のレッスン

（マチルダ・オードネル・マックエルロイの個人記録）

私の報告は、速記のノートの予備、また追加説明のためにテープに記録されました。私は、語られたことの全てがまだ頭の中で新鮮な状態であるように、インタビューの直後に報告をしました。

私はギャラリーの速記者にこれらの話を詳述した時、まだ少し動揺していました。ドメインの視点から見た地球の歴史は控え目に言ってもとても奇妙でした。私は自分の落ちつきのなさは方向感覚を失ってしまったためのものか、それとも方向感覚を取り戻したからなのかは確信できませんでした。どちらにせよ、私は不安定で混乱した気持でした。けれども同時に、それには真実の響きがありました。私は高揚しているのと同時に信じられませんでした！

速記者は、私が彼女に伝えた「歴史のレッスン」を記録する間、何回も何回も疑いの目で私を見ました。彼女は、私の頭がおかしくなってしまったのだ、と考えていたことを私は確信しています。もしかしたら彼女は正しかったのかもしれません。しかし、もしエアルが仄めかしたように、私の頭が「旧帝国」の催眠暗示と偽の記憶でいっぱいにされていたのであれば、もしかしたら頭がおかしくなることは名案なのかもしれません！

当時、私は自分の個人的な思考を熟考する時間はあまりありませんでした。私の任務はエアルから得ることのできる情報を全て手に入れ、エアルが終わったらすぐにそれを速記者に伝えることでした。私の仕事は情報を分析することではなく、ただそれを可能な限り正確に報告することでした。分析はギャラリーの男たち、または記録文書の写しを与えられていた他の何者かに任されるのでした。

私はまた、エアルが要求した本や資料が収集され、エアルに届けることができるようにするために、そのリストをギャラリー室のエージェントに伝えました。毎晩私がエアルから離れた後、彼女は夜の残りを、彼女に配達された資料を読む、またはスキャンすることに費やしていました。ギャラリーの人たちは全員調査のために速記による口述筆記の写しを渡され、全員が自分にとって興味のある情報を探していました。朝には、朝食の後、私はエアルとのインタビューまたは「レッスン」を続けるために、インタビュー室に戻りました。

（インタビューの公式記録文書）

機密

合衆国陸軍航空隊公式記録文書
ロズウェル陸軍飛行場、第 509 爆撃大隊
件名：エイリアン・インタビュー、1947 年 7 月 28 日、
第一セッション

私が読んだ教科書の中で論じられている宇宙と地球の生命の起源はとても不正確である。あなたは自分の政府のために医療関係者として勤務しているため、あなたの職務はあなたが生物的な存在を理解していることを必要としている。そのため私が今日あなたに教える題材をあなたが高く評価することを確信している。

生命体の機能に関する題材について私が与えられた教科書に含まれている情報は、偽りの記憶、不正確な観察、データの欠如、証明されていない仮説と迷信に基づいている。

例えば、たった数百年前にあなたの医者たちは、様々な肉体的、精神的な苦痛を和らげたり、癒そうとしたりする試みの中で、体から不健康な体液と考えられたものを解放する方法として瀉血を実践していた。これはいくらか訂正されてはいるが、医学の名において未だに多くの蛮行が実践されている。

生物工学に関する不正確な理論の適用に加え、地球の科学者たちが犯している多くの主要な過ちは、IS-BE の性質と全ての生命体に命を与えるエネルギーと知性の源である IS-BE の相対的な重要度に関する無知の結果である。

地球での出来事に介入することはドメインの優先事項ではないが、ドメインの通信局は私に、これらの事柄についてより正確で完全な理解を与えることを試み、あなたたちが地球で抱えている独特の問題に対するより効果的な解決策を発見することができるようにするために、いくらかの情報をあなたに与えることを許可した。

生物的な存在の起源についての正確な情報は、あなたとあなたの指導者たちの頭から消去されている。あなたが自身の記憶を散り戻すのを助けるために、私は生物的な存在の起源に関する事実に基づく資料をあなたに教える。

私はエアルに、彼女が進化の題目に言及しているのかどうか聞きました。エアルは、「いや、厳密には違う」と言いました。

あなたは古代のヴェーダ賛歌集が「進化」について述べていることを見つけることができる。ヴェーダの文章は、ドメインの中のあらゆる星系から集められた民話、または一般的な知恵と迷信のようなものである。これらは童謡集のように詩節になるように編集された。これらの詩節には、真実についての記述がある度に、それと同数の一部だけの真実、真実を反転させたものと非現実的な想像が含まれており、それらは条件や区別なしに混ぜあわされている。

進化論は、全ての生命体に命を吹き込み、動機を与えるエネルギーの源は存在しないと思い込んでいる。それは生命のない物体、または化学物質の混合体が突然「生き生き」としたり、偶然、または自然に動き始めたりすると仮定している。または、もしかしたら化学物質の集まりに放電が起きたら、魔法のように自立して動くことができる存在を発生させるのだと。

これが真実であるという証拠は全くない、なぜなら、単純にそれは真実ではないからだ。ある暗い嵐の夜に小説を書いたIS-BEの空想を除いて、フランケンシュタイン博士は、実際には襲撃する怪物として死体を生き返らせたことはない。

西洋の科学者は誰一人として立ち止まって、この生命を吹き込む作業をしたのは誰なのか、何なのか、どこで起きたのか、いつ起きたのか、またはどのようにして起きたのか、を熟考していない。生命のない物体、または細胞組織に命を吹き込むために必要な生命力の源としてのスピリットに関する完全な無知、否定、または無認識が、西洋の医学の失敗の唯一の原因である。

さらに、進化は偶然に起きるものではない。それには多量のテクノロジーが必要であり、IS-BEたちの注意深い管理のもとで操作されなければならない。とても単純な例は、家畜の改良、または犬の育種で見ることができる。しかし、人型の生物有機体が自然にそれ以前の猿のような形から進化したという考え方は間違っている。現代の人間の形をした体がこの惑星上で進化したという考え方を立証する物質的な証拠は絶対に発掘されないだろう。

その理由は単純である: 人間の体が、はるかおぼろげな昔の原始的な相互作用する化学物質の集まりから自然に進化したという見解は、あなたが人類の本当の起源を思い出すのを防ぐために記憶喪失オペレーションによって吹き込まれたあなたを眠りに誘う嘘でしかない。実際には人間型の体は宇宙の至る所で様々な形で何兆年もの間存在してきた。

これは、ヴェーダ賛歌集がドメイン遠征軍によって 8200 年前に地球に持ち込まれたという事実によってさらに複雑になっている。彼らがヒマラヤ山脈に本拠地を置いていた時、地元の人間たちの一部がそれらの詩節を教えられ、記憶した。しかし、これはドメインの基地の隊員にとって公式に認定された活動ではなかったと私は注釈するべきである。とはいえ、当時彼らにとってそれは無害な気分転換のように思えたということを私は確信している。

それらの詩節は山脈の麓で次の何千年もの間、口頭によって世代から世代へと受け継がれていき、最終的にはインド中に広まった。ドメインの中では誰一人としてヴェーダ賛歌集の題材が事実に基づいた題材であると信じていない、あなたが子供を育てるのに「グリム童話集」を手引書に使わないのと同じように。しかし、IS-BE たちが全員記憶消去されている惑星では、これらの物語やファンタジーがどのようにして本気に受け止められてしまったのかを理解することができる。

残念なことにヴェーダの詩節を学んだ人間たちは、それらは「神々」から来たと言って他の人たちにそれらを伝えた。最終的にはそれらの詩節の内容は逐語的に「真実」であると取り入れられた。ヴェーダの婉曲的で比喩的な内容は、独断的な事実として受け入れられ、実践された。詩節の哲学は無視され、詩節は地球上のほとんど全ての宗教的実践の起源になった。ヒンズー教は特にそうである。

ドメインの士官、パイロットとエンジニアとして私は常にとても実用的な視点を取らなければならない。私が哲学的な教義や美辞麗句を自分の作戦行動のマニュアルとして使ってしまったら、私は効果的であることも自分の任務を達成することもできない。そのため、私たちの歴史に関する考察は、IS-BE たちが地球に到達するはるか前、また「旧帝国」が支配権を得るはるか前に起きた実際の出来事に基づいている。

私はこの歴史の一部を個人的な体験から話すことができる:

何十億年も前、この銀河系から遠く離れた銀河で、私はとても大きな生物研究所の一員だった。それは、「アルカディア・リジェネレーション・カンパニー（理想郷再生会社）」と呼ばれていた。私は多数の技術者のスタッフと一緒に働く生体工学のエンジニアだった。我々のビジネスは生命体が住んでいない惑星のために新しい生命体を作成し、供給することだった。その領域では当時、何百万もの生息可能な惑星を持つ何百万もの星系があった。

当時、他にも多くの生物研究所会社があった。それら一つひとつは、生命体を生息させる惑星の「クラス」によって様々な種類の生命体を生産することに特化していた。長い時間をかけて、これらの研究所は様々な銀河の至る所で膨大な種族のカタログを開発した。基本的な遺伝的構成要素の大部分は、全ての生命の種に共通している。そのため彼らの仕事のほとんどは、様々な惑星クラスに居住するのに適した生命体の変種を作成するために、基本的な遺伝子の原型を操作し、改造することに関係していた。

「アルカディア・リジェネレーション・カンパニー」は森林に覆われた地域の哺乳類と熱帯地方の鳥に特化していた。我々の営業部は、全宇宙の様々な惑星の政府と無所属の購入者と契約を交渉した。技術者たちは様々な天候、大気と陸地の密度と科学物質の含有量に適合できる動物たちを創造した。さらに我々は、ある惑星上で既に生きている他の会社によって開発された生物有機体と、我々の見本を融合するために代金を支払われた。

これをするために我々のスタッフは生命体を創造する他の会社とコミュニケーションを取っていた。関連したプロジェクトをコーディネートする協会を通して、業界の見本市や出版物、また他の多様な情報が提供された。

想像できるように、我々の研究は惑星の調査を行うために相当量の星間移動を必要としていた。この時、私は自分のパイロットとしての技能を学んだ。集められたデータは巨大なコンピュータのデータベースに蓄積され、生物工学のエンジニアによって評価された。

コンピュータとは、人工的な「脳」、または複雑な計算機として機能する電子機器である。それは情報を保存し、計算をし、問題を解決し、機械的な機能を実行する能力を持っている。宇宙の殆どの銀河の中では一般的に、一つの惑星、または惑星系の全ての日常業務の管理、機械的な業務とメンテナンス作業を運営するために、とても大きなコンピュータが使われている。

集められた調査データに基づいて新しい生物のデザインと芸術的な完成予想図が描かれた。一部のデザインは、最も高い入札者に売られた。他の生命体は我々のクライアントの特別注文に合わせて創造された。

そのデザインと技術仕様書は様々な問題を解決するために、一連の細胞工学、化学工学と機械工学のエンジニアたちの組み立てラインに伝えられた。全ての構成要素を、実用にたえて機能し、さらに外見的にも美的な完成品に統合することが彼らの仕事であった。

これらの生物のプロトタイプが生産され、人工的に作られた環境の中でテストされた。欠点が洗い出され、改良され、最終的に新しい生命体は、最終的なテストのために実際の惑星の環境に持ち込まれる前に生命力、またはスピリチュアルなエネルギーを「授けられた」、または「吹き込まれた」のだ。

新しい生命体が持ち込まれた後、我々はこれらの生物有機体が惑星の環境と先住の生命体と相互作用するのを監視した。相いれない有機体の間の相互作用による衝突は、我々と他の会社の間の交渉を通して解決された。交渉は大抵、我々の生命体、または彼らの生命体、または両方の生命体をさらに改良することを必要とする妥協に終わった。これはあなたたちが「優生学」と呼んでいる科学、または技術の一部である。

いくつかの事例では、惑星の環境に変化が施されたが、これは頻繁に起きることではない。なぜなら、惑星を作成することは一つの生命体に変化を施すよりもはるかに複雑だからである。

偶然の一致で、私が以前アルカディア・リジェネレーション・カンパニーで一緒に働いていた友人のエンジニアは－私が会社から去ってから長い時間たった後－つい最近会社が契約したプロジェクトの一つは、銀河系のこの領域の中での戦争がこの宇宙領域の惑星の殆どの生命体を壊滅させた後に、地球に補充するための生命体を供給することだった、と私に伝えた。これは約7000 万年前のことだったはずである。

何十億という多様な種族を維持できる生態学的に相互作用する環境を持つように惑星を改良するのに必要な技術は、測り知れない事業であった。銀河系のほとんどあらゆるバイオテクノロジー会社から専門分野のコンサルタントがプロジェクトを支援するために呼び寄せられた。

今あなたが地球で見ることができるのは、後に残されていった膨大な多様性の生命体である。あなたたちの科学者たちは誤った「進化論」が、ここにある全ての生命体の存在を説明できるものと信じている。真実はこの惑星とこの宇宙の中の他のあらゆる惑星上の生命体は我々のような会社によって創造されたというものだ。

他にどうやってこの惑星の陸地と海にいる何百万という完全に分岐し、関係のない種族の生命を説明するのか？　あなたは他にどうやって、あらゆる生命体を特徴づけるスピリチュアルな生気の源を説明するのか？　それが「神」のもたらしたものである、と言うことはあまりにもおおまかである。あらゆる IS-BE はたくさんの時間と場所でたくさんの名前と顔を持っている。あらゆる IS-BE は神である。彼らが物理的な物体の中に居住する時、彼らは生命の源である。

例えば、何百万と言う種の虫が存在している。これらの種の約35 万個が甲虫である。地球にはどんな時にも 1 億種に至るほどの生命体が存在するかもしれない。さらに地球で生きている生命体よりも絶滅した種の方が何倍も多い。これらのいくつかは化石、または地球の地質学的な記録の中で再発見されるだろう。

現在の地球の生命体の「進化論」は、生物学的な多様性の現象を考慮していない。自然淘汰による進化は SF である。IS-BE によって遺伝的な構成要素が操作されなければ、地球の教科書が示唆しているように、一つの種が偶発的に、またはランダムに他の種に進化することはない。

IS-BE による介入の単純な例は、地球での種の品種改良である。過去数百年の中で、数百種の犬の品種や数百種類の鳩、また数ダースの種類の鯉が、たった一つの原初の品種から始まって、わずか数年の中で「進化」させられた。IS-BE による積極的な介入がなければ、生物的有機体は滅多に変化しない。

「カモノハシ」のような動物を開発するには、ビーバーの体をアヒルのくちばしと組み合わせ、卵を産む哺乳類を作らねばならず、これにはたくさんのとても賢い工学技術が必要だった。これは間違いなく、どこかの裕福なクライアントが贈り物、または面白い気晴らしとして「特注品」を発注したのだろう。どこかのバイオテクノロジー会社の研究所がそれを自己繁殖する生命体の状態にするまで何年もそれに取り組んでいたのだと私は確信している！

どのような生命体であれ、その創造が何らかの原始的な泥から形作られた、偶然の一致で起きた化学物質の相互作用の結果であるという発想はばからしいどころの話ではない！　実際に地球のいくつかの有機体、例えばプロテオ・バクテリアは主に、「星タイプ 3 クラス C」惑星のためにデザインされた生物分類で言う「門」の改良である。その惑星は言い換えれば、ドメインの表記で、この銀河系のオリオン座のベルトの中にある複数の惑星のような、嫌気性の大気を持ち、非常に熱い青い巨星に最も近い惑星である。

生命体を創造するという作業は、その分野を専門としているIS-BE たちにとってとても複雑で非常に技術的な作業である。自分の記憶を消去されている地球の生物学者にとって、遺伝子異常は非常に不可解なものである。残念ながら「旧帝国」による偽りの記憶の植え込みは、地球の科学者たちが明らかな異常を観察するのを妨げている。

生物的有機体で最も大きな技術的な難題は、自己繁殖、または有性生殖の発明であった。それは他の生物に破壊され、食べられてしまった生物の交換品を常に製造しなければならない問題の解決策として発明された。惑星の政府は交換の動物を買い続けたくはなかった。

その発想は何兆年も前に、バイオテクノロジー産業の中で争っていた様々な既得権益の間の論争を解決するために開催された会議の結果として考案された。この悪名高い「ユーミ・クルム委員会」は生物の生産をコーディネートする責任を負っていた。

委員会の特定のメンバーが戦略的に買収されたか謀殺された後、我々が今、「食物連鎖」と呼んでいる生物学的な現象をもたらした協定を起草するために、妥協点が見い出された。

ある生物がエネルギー源として他の生命体の体を食べなければならないという発想は、生物工学ビジネスの中で最も大きな会社の一つが解決策として提案したのだった。彼らは虫と顕花植物を創造することを専門としていた。

この二つの間のつながりは明らかである。ほとんど全ての顕花植物は、繁殖するために虫との共生関係を必要としている。その理由は明らかである：虫と花は両方とも同じ会社に創造されたからだ。残念なことにこの同じ会社には寄生虫とバクテリアを創造する部門もあった。

その会社の名前を英語に大雑把に翻訳すると「バグ・アンド・ブロッサム（虫と花）」である。彼らは、自分たちが創造していた寄生性の生物の唯一の有効な用途が、有機物質の分解であるという事実を正当化したかったのだ。当時、そのような生命体のマーケットはとても制限されていた。

自分たちのビジネスを拡大させるために彼らは大きなPR会社と多大な影響力を持つ政治的支援団体を雇い、生命体は他の生命体を餌にするべきであるという理念を美化させた。彼らは宣伝企画として使うための「科学理論」をでっち上げた。その理論は、全ての生き物はエネルギー源として「食物」が必要であるというものだった。それ以前は、製造されていた生命体はどれも外からのエネルギーを必要としていなかった。動物は他の動物を食べ物としては食べなかった。そうではなく、太陽光、鉱物、または植物質しか摂取しなかった。

もちろん、「バグ・アンド・ブロッサム」は肉食動物のデザインと製造のビジネスに参入した。やがて、あまりにもたくさんの動物が食べ物として食べられていたため、それらを補充するという問題がとても困難なものになった。「バグ・アンド・ブロッサム」は、戦略的に配置した高い地位への賄賂の助けで、他の会社が生命体を補充する基準として「有性生殖」を使い始めるべきであるという解決策を提案した。もちろん「バグ・アンド・ブロッサム」は有性生殖の青写真を作成した最初の会社だった。

案の定、自己再生する動物のための刺激反応交配、細胞分裂と前もってプログラムされた成長パターンを埋め込むために必要な生体工学製法の特許ライセンスもまた「バグ・アンド・ブロッサム」が所有していた。

次の数百万年間を通して、他のバイオテクノロジー会社がこれらのプログラムを購入しなければならないという法案が可決された。これらは全ての現存する生命体の細胞の設計に刷り込まなけれならないとされた。このような不格好で非実用的な発想を機能させようとすることは他のバイオテクノロジー会社にとってとても費用のかかる事業になってしまった。

これは結果として業界全体の腐敗と破綻をもたらした。最終的に「食べ物とセックス」の発想は、「バグ・アンド・ブロッサム」も含めたバイオテクノロジー業界を完全に崩壊させた。製造された生命体のためのマーケットが消えたことにより、その業界全体が徐々に消えていった。その結果として、ある種が絶滅するとそれらを交換する方法がない、なぜなら新しい生命体を創造するテクノロジーが失われてしまったからだ。明らかに、このテクノロジーはどれも地球では全く知られていたことがないし、恐らく知られることもないだろう。

ここから遠く離れたいくつかの惑星には、生体工学の製法を記録したコンピュータファイルがまだある。どこかで研究所やコンピュータが存在している可能性はある。しかしそれらを使って何かをやってる者は誰もいない。したがって、ドメインにとって減少傾向にある地球に残された生物たちを守るのがなぜそれほど重要なのかをあなたは理解できるはずだ。

「有性生殖」テクノロジーの背後にあった中心概念は、「周期的刺激反応発生器」と呼ばれる化学物質的／電気的な相互作用の発明であった。これはプログラムされた遺伝的メカニズムであり、一見自然に繰り返し生殖衝動を引き起こす。その同じ技術は後に、ホモ・サピエンスも含む生物的な肉体に適応され、応用された。

特にホモ・サピエンス型の肉体で生殖過程の中で使われるもう一つの重要なメカニズムは、肉体に「化学物質的－電気的な引き金」メカニズムを植え込むことである。IS-BE たちを人間の肉体、また他のあらゆる種類の「肉体」の中に居住するように引き寄せる「引き金」とは、「美的な痛み」を使って IS-BE を引き寄せる、人工的に刷り込まれた電子波の利用である。

自由であり続けるIS-BEたちを捕えるために使われる物も含まれる宇宙の全てのトラップは、美の電子波の「餌を付けられている」。美の波長によって引き起こされる感覚は他のあらゆる感覚よりIS-BEにとって魅力的である。苦痛と美の電子波が組み合わされた時、それはIS-BEが肉体の中で「動きが取れない」原因となる。

家畜や他の哺乳類のような、より劣っている生命体のために使われている「生殖再生の引き金」は臭い腺から放たれた化学物質がテストステロン、またはエストロゲンによって刺激された生殖的化学電気衝動と組み合わさることによって誘発される。

これらはまた栄養素のレベルと相互に作用し、食料源が与えられないとその生命体がより頻繁に生殖する原因となる。飢餓は、今の有機体が生き残ることに失敗しても、未来の世代を通して生存を永続させる方法として生殖活動を促す。これらの基本的な原理は、全ての生命の種の間中に適用されている。

「性的美的苦痛」電子波の衰弱させる効果とそれに対する依存症がドメインの支配階級が肉体の中に住まない理由である。これはまたドメイン軍の士官がドールボディしか使わない理由でもある。この波は、私が知りうる限り、宇宙の歴史の中で創造された最も効果的な捕獲装置であることが実証されている。

ドメインと「旧帝国」の文明は両方とも惑星や基地で肉体の中に住むIS-BEの労働人口を保つために、この装置で「補充」することに頼っている。これらのIS-BEたちが「労働階級」の存在たちであり、惑星上で奴隷のような手作業の好ましくない全ての仕事に従事する。

私が言及したように、「旧帝国」とドメインの間中で、全てのIS-BEたちのためのとても厳格に管理され、固定された階級制度があり、それは以下のとおりである:

最も高い階級は「自由」IS-BEである。すなわち、彼らが使用できる体の種類は制限されておらず、彼らが社会的、経済的、または政治的体制を破壊、または干渉しない限り自由に行き来することができる。

この階級の下にはたくさんの階層の「制限」された IS-BE たちがあり、彼らはその時その時によって、ある体を使って良かったり、ダメだったりする。各 IS-BE が行使できる力、能力と移動力の範囲に関する制限が課される。

これらの下にあるのは「ドールボディ」階級であり、それに私は属している。ほとんど全ての宇宙士官と宇宙船の乗組員は、銀河間の宇宙を移動することを必要とされている。そのため彼らは全員軽量で、耐久性のある素材で製造された体を身につけている。特化した機能を容易にするために様々なタイプの体がデザインされている。いくつかの体はメンテナンス、採掘、化学物質の管理、ナビゲーション等などの活動のための交換可能な道具や器具のようなアクセサリーがある。この種類の体にはたくさんの等級があり、それはまた「階級章」の機能も果たしている。

これらの下にあるのが兵士階級である。兵士たちは想像できるあらゆる敵を感知し、それと戦い、制圧するための無数の武器と特化した兵器を装備している。いくつかの兵士たちは機械的な体を配備されている。ほとんどの兵士たちは単に遠隔操作されたロボットであり、階級は指定されていない。

下の方の階級は、「肉体」に制限されている。もちろん明らかな理由のために、これらは宇宙の間を移動することは不可能である。根本的に、肉体は重力、極端な温度差、放射能に対する露出、大気の中の化学物質と宇宙の真空というストレスに耐えるにはあまりにも脆弱である。ドールボディは必要としていないが肉体が必要としている食料、排便、睡眠、大気の構成要素と気圧といった明らかな物流上の不便さもある。

ほとんどの肉体はある特定の化学物質の組み合わせの大気がなければ、たった数分間で窒息してしまう。2, 3 日経過すると体の内と外に生きているバクテリアが強い臭気が放たれる原因となる。宇宙船の中ではどのような臭気も許されない。

肉体はとても限られた温度範囲にしか耐えられない。それに対し、宇宙では温度の対比は数秒間で何百度も変化することがある。もちろん肉体は、軍務には全く役に立たない。手持ち型の光線銃からの一撃を受けただけで肉体は一瞬にして有害な蒸気の雲に変わってしまう。

肉体の中に居住する IS-BE たちは、自分たちが生まれつき持っていた能力と力の多くを失っている。理論上は、これらの能力を取り戻す、または回復することは可能ではあるが、ドメインは実用的な手段を発見しておらず、認定もしていない。

ドメインの宇宙船は一日で数兆「光年」を移動することはできるが、それでも銀河間の宇宙を横断するために必要な時間は顕著であり、達成するのに数千年間を必要とすることもある一連の任務命令については言うまでもない。生物的な肉体はとても短い時間しか生きないーそれは長くてたった 60 から 150 年間であるーそれに対しドールボディはほとんど永久に修復し、再使用することができる。

この宇宙で生物的な体が最初に開発され始めたのは、約 74 兆年前である。様々な非道な目的、特に娯楽のために、様々な肉体的な感覚を体を通して間接的に体験するために、バラエティ豊かな体のタイプを創造し、その中に住むことは急速に IS-BE たちの流行になった。

その時から IS-BE と体の関係は、「退化」が続いている。IS-BE たちがこれらの体で遊び回わり続けた結果、IS-BE たちが肉体の中に捕えられ、二度と離れることができないようにしてしまう一定の策略が導入された。

これは主に、一見頑丈に見えるが、実際にはとても脆弱である体を作ることによって行われた。ある IS-BE がエネルギーを発生させる自分の自然な力を使い、体に接触する時にうっかり傷つけてしまう。その IS-BE はこの脆弱な体を傷つけてしまったことに対し後悔した。次に体に出会った時、彼らはそれらに対し、注意深く行動するようになった。そうすることによって、その IS-BE は体に傷をつけないように自分の力を引っ込める、または最低限のものにするのだった。このような策略のとても長い裏切りの歴史が、似たような偶発的な事故と組み合わさって、最終的には多数の IS-BE たちが永続的に体の中に囚われてしまう結果となった。

もちろんこれは一部の IS-BE たちにとってとても有益な事業になり、彼らはこの状況を利用し他の者たちを奴隷にした。その結果生じた奴隷化は何兆年もかけて進歩し、今日も続いている。最終的には IS-BE たちが個人として、自由に行動し、エネルギーを創造できる、という状態を保つ能力がだんだん衰えていったことが、巨大で注意深く監視された階層または階級制度をもたらした。

体を各階級のシンボルとして使うことは、「旧帝国」だけでなく、ドメインの至る所で使われている。

この宇宙の各銀河の間中にいる IS-BE たちの大部分が何らかの肉体の中に住んでいる。これらの肉体の構造、外見、動作と生息環境は、彼らが居住している惑星の重力、大気と気候条件によって異なる。体のタイプは、その惑星の軌道の中心にある星のタイプと大きさ、惑星の星からの距離と惑星の地質学的、大気的構成要素によって大体あらかじめ定められている。

平均的には、これらの星と惑星は宇宙の間中でほぼ標準的である分類上の等級に該当する。例えば地球は大雑把に、「太陽タイプ 12 クラス 7 惑星」として分類されている。つまりそれは重い重力を持った窒素／酸素の大気の惑星であり、生物的な生命体がおり、一つの黄色い中型の低放射能の太陽、または「タイプ 12 の星」の近くにあるということである。英語という言語における天文学の用語は極端に制限されているため、正しい指定を正確に翻訳するのは難しい。

生命体の種類は砂浜にある砂の粒と同じだけの数がある。「バグ・アンド・ブロッサム」と同じような何百万と言う会社が 74 兆年という時間の経過の中で、無数の惑星系のためにどれだけ違う種類の生物や体のタイプを製造したのかをあなたは想像できるはずだ。

（マチルダ・オードネル・マックエルロイの個人記録）

エアルが私にこの「物語」を教えるのを終えた時、自分の頭の中でこれを何とか整理しようとしている間に長い静かな間がありました。エアルは夜の間 SF の本やファンタジーの話を読んでいたのだろうか？　なぜ彼女はこんなに驚くほど突飛なことを私に話したのか？　身長が 40 インチで、「肌」が灰色で、各手足には 3 本の指が付いているエイリアンが私の真向かいに座っていなければ私はそれを一言も信じなかったでしょう。

振り返ってみれば、エアルが私にこの情報を与えてくれてから 60 年以上経ちましたが、地球の医者たちはこの地球で、エアルが私に話した生命工学テクノロジーのいくつかを開発し始めました。心臓バイパス、クローン、体外受精児、臓器移植、形成外科、遺伝子、染色体等などです。

一つのことは確かです：その時から私は虫や花を同じように見たことはないし、創世記に関する私の宗教的な信念については言うまでもありません。

第十一章

科学のレッスン

（マチルダ・オードネル・マックエルコイの個人記録）

このインタビューの記録文書は逐語的です。私がそれに付け加えられるものは何もありません。それは全てを物語っています。

（インタビューの公式記録文書）

機密

合衆国陸軍航空隊公式記録文書
ロズウェル陸軍飛行場、第 509 爆撃大隊
件名：エイリアン・インタビュー、1947 年 7 月 29 日、
第一セッション

今日エアルは私にとても専門的なことについて話してくれました。彼女が言ったことをできるだけ正確に繰り返すことができるように、私は自分に思い出させるためのノートをいくつか取りました。彼女は科学的な知識についての例えで始めました：

もし、ヨハネス・グーテンベルク、アイザック・ニュートン、ベンジャミン・フランクリン、ジョージ・ワシントン・カーヴァー、ニコラ・テスラ、ジョナス・ソーク、リチャード・トレビシックや同じような何千人という天才たち、発明家たちが今日でも生きていたら、地球が一体どれほど進歩することができたかを、あなたは想像することができるだろうか？

もしこのような人たちが決して死ななかったら、どのような技術的な偉業を発達させることができたか、を想像することはできるだろうか？　もし彼らが記憶喪失にされ、自分がこれまで知っていたことの全てを忘れることがなかったら？　もし彼らが永遠に学び、研究を続けることができたら？

彼らのような不死のスピリチュアルな存在たちが－同じ場所と同じ時間の中で－何十億、または何兆年も創造を続けることができたら、科学技術と文明はどのようなレベルに到達することができただろうか？

基本的にはドメインは比較的進歩が中断されずに、何兆年も存在してきた一つの文明である。想像できる、また想像すらできないほとんど全ての学習の分野で知識が蓄積され、洗練され、向上させられてきた。

当初は、IS-BE たちの空想、または発明の相互作用が物質的な宇宙の構造そのものを創造した－小宇宙も大宇宙も。宇宙の中の一つひとつの粒子は IS-BE によって創造され、存在させられた。全てはアイデアから創造された－重さ、大きさ、または宇宙の中での位置がない、思考によって。

宇宙の中のあらゆる一片の埃、最も小さな素粒子から太陽、または複数の銀河程に大きいマゼラン星雲に至るほどの大きさのものまでが、思考という実在しないものから創造された。最も小さな個々の細胞ですら、微生物の存在が極々小さい空間の中で感覚を持ち、その中を通り抜けることができるようにするために考案され、調整されたのである。これらもまた IS-BE によって考案されたアイデアからきたのである。

あなた、そして地球のあらゆる IS-BE がこの宇宙の創造に参加した。あなたは今や肉によって構成された脆弱な体に制限されているにもかかわらず；あなたは自分の惑星がある星の周りを 65 回の短い回転運動をする期間しか生きない；あなたは自分の記憶を消去するために圧倒的な電気ショックの治療を与えられた；あなたは一つひとつの転生で全てを学び直さなければいけない；これらの全ての状況にもかかわらず、あなたはあなたであるものであり、これからもそうであり続ける。そして、心の底ではあなたは自分がそうであるということ、また自分が知っていることをいまだに知っている。あなたは未だにあなたの本質である。

他にどうやって天才児を理解することができるのか？　正式な訓練を受けずに 3 歳の時にピアノで協奏曲を弾く IS-BE を。もし彼らが何千もの転生、またははるか遠くの惑星でキーボードの前で無数の時間を過ごした中でもう既に学んだことを単に思い出したのでなければ、それは不可能である。彼らは自分がどのようにしてそれを知ることができたかは知らないかもしれない。彼らはただ知っている。

人類は過去 100 年間でそれ以前の 2000 年の中で開発したよりも多くのテクノロジーを開発した。なぜだろうか？　その答えは簡単である：「旧帝国」による人類の精神と諸問題に対する影響力がドメインによって衰退したからである。

太陽系内の「旧帝国」宇宙艦隊の破壊と共に、西暦 1250 年に地球で発明のルネサンスが始まった。これから先の 500 年間で地球は自治権と独立を取り戻す可能性があるが、それは人類がどの程度まで地球にいる IS-BE たちの天才性を集中させて、記憶喪失の問題を解決できるか、による。

しかしながら注意書きとして、この惑星に追放された IS-BE たちの発明的な潜在能力は、地球人口の犯罪者分子たちによってひどく損なわれている。具体的に言うと政治家、主戦論者と核兵器、化学兵器、病原菌や社会的な混沌等の大量破壊兵器を開発する無責任な科学者たちである。これらは地球のあらゆる生命体を永遠に絶滅させる可能性を持っている。

過去 2 年間に地球でテストされ、使用された比較的小さな爆発ですら十分な量で展開されれば、全ての生命を破壊する潜在能力がある。より大きな兵器は一つの爆発で全世界の大気の中の酸素を全て消滅させることができるのだ！

そのため、地球がテクノロジーによって破壊されないことを確実にするために、解決されなければならない最も根本的な問題は、社会的と人道的な問題である。地球の最も偉大な科学的頭脳はその数学的または工学的な天才性にもかかわらず、これらの問題に本気で取り組んだことはない。

そのため、地球または人類の未来を救うことを科学者たちに頼らないように。存在そのものは空間の中を通り抜けるエネルギーと物体のみによって構成されているというパラダイムだけに基づいている、いわゆる「科学」は科学などではない。そのような存在たちは個別の IS-BE が起源となった創造的なスパークと物質的な宇宙とあらゆる宇宙を創造し続けている IS-BE たちの集合的な取り組みを完全に無視している。

全ての創造と生命を点火させるスピリチュアルなスパークの相対的重要性を排除、または評価を下げた度合いに応じて、全ての科学は相対的に無力であるか、破壊的であり続けるだろう。

残念ながらこの無知は、この惑星上の IS-BE たちが空間、エネルギー、物質と時間、または他のあらゆる宇宙の構成要素を創造するという元来備わった能力を回復しないことを確実にするために、「旧帝国」によってとても入念に、また強制的に人間に植え付けられてきた。不死で、パワフルで、スピリチュアルな「自己」に対する知覚が無視され続ける限り、人類は自分の手による自滅と忘却の日まで刑務所に入ったままであろう。

物理的な科学の定説が創造の根本的な力を使いこなすことをあてにしないように。お香を焚き、まじないを唱えるシャーマンをあなたが信頼しないのと同じように。これらの二つの最終的な結果は、罠にかかることであり、忘却することである。科学者たちは観察をするふりはするが、彼らは自分が見ていると推定しているだけであり、それを事実と呼んでいる。盲人と同じように、科学者は自分が盲目であると気付くまでは見ることを学ぶことはできない。地球の科学の「事実」は創造の源を含んでいない。それらは結果、または創造の副産物しか含んでいない。

科学の「事実」は、存在そのものの、殆ど無限に近い過去の体験の記憶を全く含んでいない。

創造と存在の本質に、顕微鏡または望遠鏡のレンズを通して、または物理的な宇宙の他のあらゆる計測によっても見つけることはできない。計測機と測径機では、花の香り、または捨てられた恋人が感じる痛みをよく理解することはできない。

ある神の創造的な力と能力について、あなたが知ることのできるものの全ては、あなた－不死のスピリチュアルな存在－の内に見つけることができる。

どうすれば盲人が他人に光のスペクトルを構成する殆ど無限の階調度を見るように教えることができるのか？　IS-BE の性質を理解せずに宇宙を理解することができるという発想は、芸術家は自分のキャンバスの上の一点の絵の具でしかないと考えるのと同じだけばかげている。またはバレエ用の靴のレースが振付師のビジョンである、またはダンサーの優雅さである、または初演の夜の電気的な興奮であると。

スピリットに関する研究は、人の頭に植え付けられた宗教的な迷信を通して行われる思考統制オペレーションによって爆弾が仕掛けられている。反対にスピリットとマインドに関する研究は、物理的宇宙の中で計測できないものは全て排除する科学によって禁じられている。科学は物質の宗教である。それは物質を崇拝している。

科学のパラダイムは、創造されたものが全てであり、創造者は無であるというものである。宗教は創造者が全てであり、創造されたものは無であると言っている。これらの両極端は独房の鉄格子である。それらは全ての現象を相互作用する一つの完全なものとして観察するのを妨げている。

創造の源であるIS-BEを知らずに、創造を研究することは無駄である。科学によって考え出された宇宙の端に向かって航行すると、あなたはその末端から暗い感情のない空間と命のない無慈悲な力の奈落の底へと落ちて行く。地球であなたたちは、マインドとスピリットの海は、あなたが大胆にも迷信の防波堤を越えて冒険をすれば、あなたを生きたまま食べてしまう身の毛もよだつおぞましい怪物でいっぱいであると説得されてしまった。

「旧帝国」の刑務所システムの既得権益は、あなたが自分自身の魂を見つめることを妨げることにある。彼らが恐れているのは、あなたが自分の記憶の中で、あなたを刑務所に入れ続けている奴隷の主人たちを見てしまうということである。この刑務所はあなたの頭の中の影によって構築されている。それらの影は嘘、苦痛、喪失と恐れによって作られている。

文明の中の本当の天才たちとは、他のIS-BEたちに自分の記憶を回復させ、自己実現と自己決定を取り戻すことができるようにするIS-BEたちである。この問題は、行動に道徳的な規制を強要すること、または謎、信仰、薬、銃、または奴隷社会の他のあらゆる教義を通して統制することによって解決できるものではない。そして、電気ショックと催眠暗示の使用を通しては絶対にできない！

地球とそこに生きているあらゆる存在の生存は、あなたが数兆年を掛けて蓄積した技術の記憶；自分自身の本質を回復する能力にかかっている。そのような技術、科学、またはテクノロジーは「旧帝国」の中では思いつかれたことはない。そうでなかったら彼らは、あなたを地球での現在の状態に至らせた「解決策」に訴えることはなかっただろう。

そして、そのようなテクノロジーはドメインによって開発されたこともない。つい最近まで、記憶喪失のIS-BEを回復させる必要性は必要とされていなかった。そのため誰もこの問題を解決することに取り組んだことはない。今のところ、残念なことにドメインは提供できる解決策を持っていない。

ドメイン遠征軍の少数の士官たちが、自分の非番の間に地球にテクノロジーを与えるということを自らの責任として引き受けた。これらの士官たちは自分たちの「ドール」を宇宙ステーションに残し、IS-BE として地球で生物的な体を身につけるか、乗っ取る。いくつかの場合、その士官は勤務を続けながら同時に他の体の中に居住し、それをコントロールすることができる。

これはとても危険で冒険的な取り組みである。そのようなミッションを達成し、基地に帰還することに成功するためには、とても有能な IS-BE が必要である。最近、自分の職務上の任務に取り組みながら、これをやった士官の一人は、地球では電子技術の発明家ニコラ・テスラとして知られていた。

私のミッションの指令の一部ではないが、私の意図は地球での科学的、また人道主義的な進歩を発達させる努力を助けることである。私の意図は他の IS-BE たちが自分自身を助けることを助けることである。地球での記憶喪失の問題を解決するためには、あなたたちははるかにもっと進歩したテクノロジーが必要であり、同時に IS-BE たちを体から解放し、IS-BE のマインドを記憶喪失から解放するための手法を研究し、開発するための時間を十分に持つために社会的な安定性が必要である。

ドメインは地球を有用な惑星として維持することに長期的な関心はあるが、地球の住民に関してはここにいる自分たちの人員以外には特に関心はない。我々が関心を持っているのは、破壊を防ぐこと、それから全世界の生物圏、水圏と大気圏の基礎構造を維持するテクノロジーの開発を加速させることである。

この目的を達成させるために、あなたたちがとても入念に、また徹底的に検査すれば、私の宇宙船には地球ではまだ存在しない幅広い種類のテクノロジーが入っているということを発見するだろう。あなたがこの船の断片を研究のために様々な科学者たちに分配すれば、彼らはそのテクノロジーの一部を、これらの部品を複製するのに必要な原料が地球に存在している度合いに応じて、分解し模倣することができるだろう。

一部の機能は解読不能である。他の機能は地球にはそれらを複製する天然資源がないため、複製することはできないだろう。これは船を建造するために使われた金属に関しては特にそうである。これらの金属は地球には存在していないだけでなく、これらの金属を作り出すのに必要な生成法を開発するのに何十億年もかかったのだ。

それはまたナビゲーションシステムに関しても当てはまり、それは自分の個人的な波長が船の「神経回路網」に対し、専用的に同調させられている IS-BE が必要である。そのような船を操作する船のパイロットは、とても高いレベルの意思のエネルギー、規律と知性を持っていなければならない。地球の IS-BE たちにはこの専門技術を持つ能力がない。なぜならそれは、この特定の目的のために作られた人工的な体の使用が必要とされているからである。

一部は宇宙の歴史の中で最も聡明な頭脳の持ち主の内に入る地球の特定の個性的な科学者たちは、この船の部品を調査する時、このテクノロジーについての記憶が呼び起こされるだろう。地球の一部の科学者や物理学者たちが、発電機、内燃機関と蒸気機関、冷却技術、飛行機、抗生物質とあなたの文明の他の道具を「思い出す」ことができたのと同じように、彼らは私の船の中にある他の極めて重要なテクノロジーを再発見するだろう。

私の船の中に統合された特定のシステムで有用な構成部品が入っているものは以下のとおりである:

1)　船の壁の内には各種の極微の配線、またはファイバーがあり、それらは通信、情報の記憶、コンピューターとしての機能と自動ナビゲーションといったものを制御している。

2)　その同じ配線は可視光以下と可視光以上のスペクトルの探知と視覚化に使われている。

3)　船の内部の繊維は、現時点で地球にあるものよりもはるかにすぐれており何百または何千という用途がある。

4)　　あなたたちは、光の粒子、または波をエネルギーの一形態として創造し、増幅し、集中させるための装置を発見するだろう。

ドメイン軍の士官、パイロットとエンジニアとして私がたった今開示したもの以外には、どのような形でも、この船の詳細な運用、または構造について話したり、伝えたりするわけにはいかない。しかし、これらの資源を使って有益なテクノロジーを開発することのできる有能なエンジニアたちが地球にたくさんいることに自信を持っている。

私があなたにこれらのことを詳しく述べているのは、それによってドメインにとってより大きな利益が生まれることを期待しているからである。

第十二章

不死についてのレッスン

（マチルダ・オードネル・マックエルロイの個人記録）

下記の記録文書は大体自明だと私は思う。

（インタビューの公式記録文書）

機密

合衆国陸軍航空隊公式記録文書
ロズウェル陸軍飛行場、第 509 爆撃大隊
件名：エイリアン・インタビュー、1947 年 7 月 30 日、
第一セッション

私が利便性のために「IS-BE」と言及している不死のスピリチュアルな存在たちは、幻想の源であり、創造者たちである。その原初の拘束されてない存在の状態では、一人ひとりが個人的にも、集合的にも永遠の全知全能の存在である。

IS-BE たちはある場所をイメージすることによって空間を創造する。彼ら自身とイメージされた場所の間に介在する距離が、我々が空間と呼ぶものである。IS-BE は他の IS-BE たちによって創造された空間と物体を知覚することができる。

IS-BE たちは物質的な宇宙の存在たちではない。彼らはエネルギーと幻想の源である。IS-BE たちは空間、または時間の中に位置してはいないが、空間を創造し、空間の中に粒子を置き、エネルギーを創造し、粒子を様々な形状に形成し、形状の運動を引き起こし、形状に命を吹き込むことができる。IS-BE によって命を吹き込まれた全ての形状は、生命と呼ばれている。

ある IS-BE は、自分が空間、または時間の中に位置していること、また自分自身がある物体、または自分や他の一人、または複数の IS-BE たちが創造した他のあらゆる様式の幻想そのものであると同意する、と決めることができる。

幻想を創造することの不利な点は、幻想は絶えず創造し続けなければならないことである。もしそれが絶えず創造され続けなければ、それは消える。ある幻想を絶えず創造し続けることは、それを維持するためにその幻想を細部に至るまで、全てに絶え間なく注意を向けることが必要とされている。

IS-BE たちの共通の特徴は、退屈さを避ける願望であるように思われる。他の IS-BE たちとの交流なしに、また他の IS-BE たちによって創造されている予測不能な動き、ドラマ、予期していなかった意図と幻想がない、ただのスピリットは簡単に退屈してしまう。

もしあなたが自分の意のままにどのようなものもイメージし、あらゆるものを知覚し、どのようなものも引き起こすことができたらどうだろうか？　もし、あなたが他には何もできなかったとしたら？　もし、あなたが常にあらゆるゲームの結果とあらゆる質問に対する答えを知っていたら？　あなたは退屈するだろうか？

IS-BE たちのこれまでの全ての過去に遡る経歴は測れないものである。物質的な宇宙の時間の観点からすると、それは殆ど無限である。IS-BE にとって計測できる「始まり」、または「終わり」はない。彼らは単に永遠に続く今の中で存在している。

もう一つの IS-BE たちの共通の特徴は、自分自身の幻想が他の者たちによって称賛されることはとても望ましいということである。望んだ称賛が得られなければ、IS-BE はその称賛を得る試みとして、その現像を創造し続ける。物質的な宇宙の全ては、称賛されていない幻想によって構築されていると言うこともできる。

この宇宙の起源は、個別の幻想的空間の創造によって始まった。これらは IS-BE の「家」だった。時には、ある宇宙は二人以上の IS-BE のコラボレーションによる幻想の創造である。IS-BE と彼らが創造した宇宙が数多く生まれることにより、それらは時に広範囲に渡って衝突したり、混同または融合したりしたため、たくさんの IS-BE たちがある宇宙の共同制作を分担した。

IS-BE たちは遊ぶことのできるゲームを得るために、自分たちの能力を減少させた。IS-BE たちはどのようなゲームでも、何のゲームもないよりはマシだと考える。彼らはゲームを遊ぶためだけのために、苦痛、苦しみ、愚かさ、貧困とあらゆる様式の必要のない、望ましくない状態に耐える。自分は全てを知らない、全ては見えない、全ての原因ではないというふりをするのは、ゲームを遊ぶのに必要な状態を創造する方法である：未知、自由度、障害、およびまたは敵とゴール。最終的にはゲームを遊ぶことは退屈という問題を解決する。

このようにして、生命体、場所と出来事を含めたこの宇宙のあらゆる空間、銀河、太陽、惑星と物質的な現象は IS-BE たちによって創造され、これらのものは存在するという相互の合意によって維持されている。

宇宙の数は、それらをイメージし、形成し、知覚する IS-BE と同じ数だけあり、それら一つひとつがそれ自体の範囲の中で同時に存在している。一つひとつの宇宙はそれを創造した一人、または複数の IS-BE たちによってイメージされ、改造され、保持されるか破壊されたそれ自体の独自のルールを使って創造された。物質的な宇宙の条件に基づいて定義されている時間、エネルギー、物体と空間は、他の宇宙の中では存在しているかもしれないし、存在しないかもしれない。ドメインはそのような宇宙の中にも存在しているのに加えて、物質的な宇宙の中にも存在している。

物理的な宇宙の法則の一つには、エネルギーは創造することはできるが破壊することはできないというものがある。そのため、IS-BE たちがそれに新しいエネルギーを足し続ける限り、宇宙は拡大し続ける。それはほとんど無限である。それは、決して止まることのない自動車の組み立てラインのようであり、それらの車は決して破壊されることはない。

あらゆる IS-BE は根本的には善である。そのため IS-BE は自分自身が体験したくないことを他の IS-BE にすることを楽しむことはない。IS-BE にとっては善または悪、正しいまたは間違っている、醜いまたは美しいのための生来の基準はない。これらの観念は全て、一人ひとりの個人的な IS-BE の意見に基づいている。

IS-BE を言葉で表すために人間が持っている最も近い概念は、神である：全知全能であり、無限である。では、どうすれば神は神であることを止めることができるのか？　彼らは知ら**ない**ふりをする。他の人たちがどこに隠れているのかを常に知っているのであれば、どうすれば「かくれんぼ」を遊ぶことができるのか？

彼らを「探し」に行くことができるようにするために、あなたは他の参加者たちがどこに隠れているのかを知ら**ない**ふりをする。このようにしてゲームは創造される。あなたは自分がただ「ふり」をしているということを忘れてしまった。そうすることによってIS-BE たちは自分自身で考案した迷路の中で罠にかかり、奴隷になってしまった。

どうすればおりを創造し、自分自身をそのおりの中に閉じ込め、鍵を投げ捨て、鍵またはおりがあることを忘れ、「内側」または「外側」があることを忘れ、そしてさらに自己というものが在るということすら忘れることができるのか？　幻想などはないという幻想を創造することによってである：宇宙の全ては現実であり、他の宇宙は存在していないし、創造されることもできないと。

地球で教えられ、同意されているプロパガンダは、神々に責任があり、人間たちには責任がないというものである。あなたは神のみが宇宙を創造することができると教えられる。そのため、あらゆる行動の責任は他の IS-BE、または神に与えられる。決して自分自身には与えられない。

どのような人間も、自分自身が一個人的にも集合的にも一神である、という事実に関して個人的な責任を引き受けることはない。この事実のみがあらゆる IS-BE が罠にかかる原因である。

第十三章

未来のレッスン

（マチルダ・オードネル・マックエルロイの個人記録）

この記録もまた自明であると思います。私はエアルの正確なコミュニケーションを可能な限り、忠実に伝えました。エアルがこのインタビューの中で言ったことの軍事的な含みの可能性について私の上官たちはとても警戒しました。

（インタビューの公式記録文書）

機密

合衆国陸軍航空隊公式記録文書
ロズウェル陸軍飛行場、第 509 爆撃大隊
件名：エイリアン・インタビュー、1947 年 7 月 31 日、第一セッション

真実は政治的、宗教的、または経済的な便宜の祭壇の上で生贄にされるべきではないというのが私の個人的な信念である。ドメインの士官、パイロットとエンジニアとしてドメインにとってのより大きな視点から見た利益とドメインの所有物を守ることが私の義務である。しかしながら、我々は自分たちが気づいていない勢力から自分たちを守ることはできない。

地球が他の文明から隔離されていることが、現時点で私があなたとたくさんの題目について話し合うことを妨げている。安全保障と外交儀礼が、私がドメインの計画と活動について最も一般的で大まかな発言以上のことを明らかにすることを妨げている。しかしながら、私はあなたにとって有用であるかもしれない情報をいくつかあなたに与えることができる。

私はすぐに「宇宙ステーション」での私に割り当てられた任務に戻らなければならない。ドメイン軍の士官、パイロットとエンジニアとしての私の義務の要件と制限を考えれば、私はあなたに論理的に与えても良いと感じた助力はできるだけ与えた。そのため私は、IS-BE として次の 24 時間以内に地球から立ち去る。

(**編集者の注釈**：下記の複数の段落はマチルダがエアルとのインタビューに関して速記者に伝えた個人的な解説のようである。)

これが意味するのは、エアルは彼女の「ドール」を私たちの元に置いて行くということです。なぜなら、彼女の宇宙船は修復できない程損傷しているからです。我々はその身体を好きなように検査し、解剖し、研究することができます。彼女にとってそれはもうこれ以上役に立たないものであり、さらに彼女は他の使える体をすぐに入手できるため、それに対して愛着のフィーリングも持っていません。

しかし、エアルは体の中には地球の科学者たちにとって有用であるテクノロジーはないと勧告しています。この体のテクノロジーは単純ではあっても、それはあらゆる側面において、現時点で我々が持つ分析と模倣能力が計算できるものをはるかに超えています。その体は生物的でも、機械的でもありませんが、どのような地球型の惑星でも見つけることのできない材質と、古代のテクノロジーによる独特な制作物です。

エアルが以前言及したように、ドメインの至る所ではとても厳格で独特な社会的、経済的、文化的な階級の階層があり、それは数千年間の間変化がなく、破られていない状態のままです。IS-

BE の士官に割り当てられる体の種類と機能は、他のあらゆる軍事的な階級章と同じように一人ひとりの IS-BE の地位、階級、寿命、訓練のレベル、指揮のレベル、人事記録と獲得した称賛に値する勲功賞に従って、明確に変化します。

エアルによって使われている体は、彼女の地位と階級の士官、パイロットとエンジニアのために特定に設計されています。墜落の中で破壊されてしまった彼女の同僚たちは同じ地位、または階級のものではなく、より下位の地位のものでした。そのため、それらの体の外見、特徴、構成と機能は特殊化されたものであり、彼らの任務の必要性に制限されていました。

墜落の中で体が破損してしまった下級士官たちは自分たちの体から去り、宇宙ステーションでの彼らの任務に復帰しています。彼らの体が被った損傷は、彼らがより下位の士官たちであるというのが主な理由でした。彼らは部分的に生物的な体を使っており、そのためそれらは彼女のものよりもはるかに耐久性がなく、回復力もありませんでした。

（**編集者の注釈**：この時点で記録文書はエアルによる供述に戻るようである。）

ドメインは、「旧帝国」のオペレーションの中でまだ残存し、活動しているものを発見した場合、それがどこであれ、破壊するのに躊躇はしないが、それはこの銀河系における我々の第一の任務ではない。私は最終的には「旧帝国」のマインド・コントロール装置を無力化し、破壊することができることを確信している。しかしながら、これがどれほど長くかかるかを推定するのは不可能である。なぜなら我々は現時点ではこのオペレーションの規模を理解していないからである。

我々が知っているのは、「旧帝国」のバリアは最低でもこの銀河系のこちら側の端部を覆うのに十分なほど広大であるということである。我々はまた経験から、各バリア発生器と捕獲装置を感知し、位置を特定し、破壊するのは非常に難しいということを知っている。また、この試みに資源を投じることはドメイン遠征軍の現在の使命ではない。

これらの装置が最終的に破壊されることは、各転生の後に記憶が消されないという単純な効能によって、あなたの記憶を回復することを可能にするかもしれない。幸い IS-BE の記憶は永遠に消すことはできない。

この領域の中で様々な非道な活動を継続している活発な宇宙文明が他にたくさんあり、それらの活動の中でも小さくないのは、好ましくない IS-BE を地球に捨てて行くことである。これらの船の中でドメイン軍に対し敵意を持ったり、暴力的に敵対したりするものはない。彼らは我々に敵対するようなばかな真似はしない！

大部分に置いてドメインは、惑星の資源そのものが永遠に使いものにならないことがないように守ることは例外として、地球と地球の居住者たちを無視している。銀河系のこの領域はドメインにより併合されており、ドメインの所有物であり、ドメインが最善であると判断したことに従って好きなように使ったり処理したりすることができる。地球の月と小惑星帯はドメイン軍の常駐された作戦行動の基地になっている。

これは言うまでもないことだが、この太陽系の中で人類または他の者たちがドメインの活動に干渉しようとする試みは－例えそれが可能であったとしても、そしてそれは絶対に無理ではあるが－速やかに処理される。これは深刻な懸案事項ではない。なぜなら私が以前述べたようにホモ・サピエンスは宇宙空間では活動できないからである。

もちろん我々は何十億年もの間、予定通りに進行し続けているドメインの拡大計画の次の段階を継続する。次の 5000 年間の間、ドメイン軍の活動と交通量は、宇宙中に我々の文明を広めるために我々がこの銀河系の中心、そしてさらにその先に前進していく中でどんどんと増えて行くであろう。

もし人類が生存するのであれば、地球であなたたちが存在するための厳しい状況に対する効果的な解決策を協力して見つけなければならない。人類が自分たちは生物的な体に過ぎないという概念を超越するためには、自分の人間としての姿を超越し、自分はどこにいるのか、また自分は IS-BE であるということ、また IS-BE として自分は本当は誰なのかということを発見しなければならない。一度これらの気付きに達すれば、あなたの現在の監禁状態を脱出することが可能かもしれない。さもなければ、地球の IS-BE たちにとって未来はないだろう。

ドメインと「旧帝国」の間で進行中の戦い、または戦争は行われていないが、思考コントロール・オペレーションを通して地球に対し行われている「旧帝国」の秘密裏の行動は未だに存在している。

これらの活動が存在していると一度知れば、それらによる影響をハッキリと観察することができる。人類に対するこれらの行動の最も明白な例は、突然の不可解な行動による事件に見出すことができる。最近起きた事例としては、日本が真珠湾を攻撃する直前に合衆国軍の中で起きたものがある。

攻撃のたった 3 日前に権力のある誰かが、真珠湾に停泊していた全ての船に、港に入り点検のために錨を下ろすように命令した。それらの船は弾倉から弾薬を取り除き、船蔵に貯蔵するように命令された。攻撃の前日の夕方には、真珠湾のすぐ外に日本の空母艦が二隻停泊しているのが発見されたにもかかわらず、全ての提督と将軍たちはパーティーに出席していた。

ここで明らかに取るべき行動は、電話で真珠湾に連絡し、戦いが始まる危険性を警告し、弾薬を戻し、船に港から外洋に出るように命令することである。

日本の攻撃が始まる約 6 時間前に、アメリカの軍艦が港のすぐ外で日本の小さな潜水艦を沈めた。その出来事を報告するために真珠湾に電話で連絡するのではなく、警告のメッセージが極秘の暗号に変えられ、暗号化するのに約 2 時間かかり、解読するのにまた 2 時間かかった。真珠湾への警告の文書は、真珠湾の日曜日の午前 10 時まで到達しなかったー日本軍による攻撃がアメリカ艦隊を壊滅させた 2 時間後になるまで。

このようなことはどのようにして起きるのだろうか？

これらの明らかな破滅的な過ちの責任を負った男たちを裁判にかけ、単刀直入に自分たちの行動と意図を正当化するように求めたら、あなたは彼らが自分たちの仕事を非常に誠実にこなしたということに気づくだろう。通常彼らは国民と国家のために自分の最善を尽くす。しかし、突然どこかの全く見知らぬ、また感知できない源からこれらのただただ「あり得ない」、狂った、説明できない事態がやってくる。

「旧帝国」の思考コントロール・オペレーションは、少数のとても小さな頭脳を持った老いた「猿」のグループによって実行されている。彼らは、放っておけば全く問題なく自分たちの面倒を見ることができる IS-BE たちをコントロールし、破壊するため以外にはなんの意味も目的もない陰湿なゲームを遊んでいる。

この種の人工的に作られた事件は、マインドコントロール・刑務所システムの運営者たちによって人類に無理やり押し付けられている。看守たちは常に地球の IS-BE たちに対する抑圧的、または全体主義的な活動を促進し、援助する。囚人たちには内輪揉めをさせておいた方が良いではないだろうか？　狂人たちに力を与え、地球の各政府を運営するようにした方が良いではないだろうか？　地球の各犯罪政府を運営する男たちは、「旧帝国」の隠れた思考管理者たちによって与えられた命令を模範にしている。

人類は長い時間この相手とシャドーボクシングを続けるだろう
ーそれが人類であり続ける限り。

それまで地球の IS-BE たちは継続的に一連の人生を繰り返し、繰り返し、繰り返し生き続けるだろう。インド、中国、メソポタミア、ギリシャとローマの文明の興亡の間に生きていた同じ IS-BE たちが、現在はアメリカ、フランス、ロシア、アフリカと世界中で体の中に居住している。

各転生の間、まるで新しい転生が彼らがこれまで生きたことのある唯一の転生であるかのように、始めから完全にやり直すために IS-BE は再び送り返される。彼らは苦痛、不幸と謎の中で再び新しく始める。

一部の IS-BE たちは他の者たちよりもっと最近に地球に移送されてきた。一部の IS-BE たちは地球で数百年しか過ごしていないため、地球でより以前からある文明に関する個人的な体験がない。彼らは地球で生きた体験がない。そのため、もし彼らの記憶が回復させられてもここでの以前の存在を思い出すことはできない。しかし、彼らはもしかしたら他の惑星と他の時代に生きた転生を思い出すかもしれない。

それとは別にレムーリアの最初の日々からここにいる者たちもいる。どちらにせよ地球の IS-BE たちは記憶喪失のサイクルから脱出し、彼らを捕えた者たちによって設置された電子トラップを打ち破り自分たちを解放しない限り、ここに永遠にいることになる。

ドメインもまた地球に自分たちの IS-BE が 3000 人囚われているいるため、この問題を解決することに利害関係がある。彼らが知る限りは、宇宙ではこれまでにこの問題に直面することも、効果的に解決されたこともない。彼らは、それが可能である時と場所ではそれらの IS-BE たちを地球から解放する努力を続けるが、そうするためには前例のないテクノロジーを開発するための時間とそうするための勤勉さを必要としている。

（**編集者の注釈**：以下の記述はマチルダによる意見である。）

エアルの一人の IS-BE からもう一人の IS-BE への真摯な願望は、我々の永遠の存在の残りができるだけ好ましいものになることであると私は考えています。

第十四章

エアルがインタビューの記録文書を審査する

(マチルダ・オードネル・マックエルロイの個人記録)

私が前回のエアルとのインタビューを速記者に詳述するのを終えてから程なくして、私は基地の司令官のオフィスに緊急に呼び出されました。私は 4 人の重武装をした憲兵に護衛されました。私が到着した時、会議用のテーブルとイスが並べられた、大きな間に合わせのオフィスの中で座るように言われました。オフィスの中には私が様々な時に「ギャラリー」の中で見た数人の高官たちがいました。何人かは有名人であったため私は彼らに見覚えがありました。

私はその男たちに紹介され、その中には以下の人たちが含まれていました:

陸軍航空隊長官のシミングトン、ネイサン・トワイニング将軍、ジミー・ドゥーリットル将軍、バンデンブルグ将軍とノルスタッド将軍。

大変驚いたことに、オフィスの中にはチャールズ・リンドバーグもいました。シミングトン長官はミスター・リンドバーグは合衆国空軍の幕僚長のコンサルタントとしてそこにいるのだと私に説明しました。部屋には他にも数人の男たちが居合せており、彼らは紹介されませんでした。彼らは士官たちの個人的な補佐官であるか、どこかの諜報機関のエージェントだったと私は推測します。

長官や将軍たちからだけでなく、世界的に有名なミスター・リンドバーグやドゥーリットル将軍のような人たちからも突然これだけの注意を向けられたことは、他人の目を通して見ると私のエアルの「通訳者」としての役割がどれだけ非常に重要であるかということを私に気づかせました。それまでは私はこれについては末梢的な形でしか気づいていませんでした。これは、自分がこの驚くべき状況の詳細にあまりにも夢中になっていたからだと私は推測します。突然、私は自分の役割の大きさを理解し始めました。この会議にこの男たちが居合せたのは、部分的にはこの事実に自分の注意をひきつける意図があったのだと私は思います！

長官は私に緊張しないように指示しました。私は何かを責められるのではないと彼は言いました。彼は私に、彼らが準備した質問のリストにそのエイリアンは答える意思があると思うか、と私に聞きました。彼らはエアル、空飛ぶ円盤、ドメインとインタビューの記録文書の中でエアルが暴露した他の多くの題目について、さらにたくさんの詳細を発見することを切望している、ということを彼は説明しました。もちろん彼らが主に興味を持っていたのは軍事的な安全保障と空飛ぶ円盤の構造に関する質問でした。

エアルは質問に答えることに関して彼女の考え方を変えていないことを私は強く確信している、なぜなら彼女にギャラリーの男たちの意図を信頼させるような変化は何も起きていないからです、と私は彼らに言いました。私は彼女がもう既に話す気があり、論じる許可があるものはもう既にすべて伝えた、ということを繰り返しました。

それにもかかわらず、彼らは私が再びエアルに彼女が質問に答えるかどうか聞くように主張しました。そしてもし、答えがまだ「**いいえ**」である場合、彼女に私のインタビューの「翻訳」の記録文書の写しを読む気があるのかどうかを私が聞くのでした。彼らが知りたかったのは、私たちのインタビューに関する私の理解と翻訳が正しいかどうかをエアルが立証するかどうかでした。

エアルは英語をとても流暢に読むことができたため、エアルが記録文書を読み、書面で正しいかどうか立証する間、彼ら自身がそれを観察することを許されるだろうかと長官が聞きました。彼らは、彼女に記録文書の写しに「翻訳」が正しいかどうかを書き、記録文書の中で正しくないものは全て記録してほしかったのです。もちろん私には命令に従うしか選択はありませんでした。そして私は長官が求めたとおりにしました。

私はサインをするためのページがある記録文書の写しを与えられ、それをエアルに見せるのでした。私はまた、エアルが審査を終えた後、記録文書の中の翻訳の全ては彼女によって補正された形で全て正しいと証言するため、表紙にもサインするようにエアルに要請せよと命令されました。

約１時間後に将軍たちと（ミスター・リンドバーグも含まれると私は推測します）他の者たちを含むギャラリーのメンバーたちがギャラリー室のガラスを通して見ている中で、私は指示されたとおりに、エアルに渡すための記録文書の写しとサインするページを持ってインタビュー室に入りました。

私は自分のいつもの椅子に行き、エアルから向かって４、５フィートに座りました。私は記録文書の封筒をエアルに提示し、テレパシーを通して長官から受け取った指示をエアルに伝えました。エアルは私を見て、封筒を受け取らずに見ました。

エアルは「もしあなたがそれらを読み、あなたの判断でそれらが正確であるのであれば、私にそれらを審査する必要はない。その翻訳は正しい。あなたは忠実に私たちのコミュニケーションの記録を伝達したということをあなたの司令官に伝えて良い」と言いました。私は自分がそれを読み、それは私が記録文書のタイピストに伝えたことの全ての正確な記録です、とエアルに保証しました。

「それではあなたは表紙にサインするでしょうか？」と私は聞きました。

「いいえ。私はしない」とエアルは言いました。

「なぜしないか聞いてもよろしいでしょうか？」と私は言いました。彼女がそのような簡単なことをやる気がない理由について、私は少し混乱していました。

「もしあなたの司令官が、自分の職員が彼に正直で正確な報告をすることを信頼できないのであれば、ページに書かれた私のサインが彼にどれほどの信用を与えるのか？　彼が自分の忠実な職員を信頼しないのであれば、なぜ彼はドメインの士官によってページにつけられたインクの印を信頼するのか？」

私はそれに対してなんと言えばいいのか分かりませんでした。私はエアルの理屈には反論できなかったし、彼女に無理やり文書にサインするようにすることもできませんでした。私は 1 分ほど自分の椅子に座って次にどうすればいいのか思いをめぐらしました。私はエアルにお礼を言い、自分の上官に次の指示を聞きに行かなければならないと伝えました。私は記録文書の封筒を自分の制服のジャケットの内側にある胸ポケットに入れて、椅子から立ち上がり始めました。

その瞬間、ギャラリー室からのドアが勢いよく開かれたのです！ 5 人の重武装の憲兵が部屋の中に殺到しました！　白い研究所のコートを着た男が、彼らのすぐ後ろについてきました。彼は表面にたくさんのダイヤルのついた箱型の機械を乗せた小さなカートを押していました。

私が反応できる前に憲兵の二人がエアルを掴み、私たちが一緒にインタビューを始めた最初の日から彼女が座っていた厚い詰め物をした椅子にしっかりと押さえつけました。他の二人の憲兵が私の肩を掴み、私の椅子に押し戻し、私をそこに押さえつけました。もう一人の憲兵はエアルの真正面に立ち、彼女の頭から 6 インチも離れないところから彼女に直接ライフルを向けました。

研究所のコートを着た男は素早くカートをエアルの椅子の後ろに押して行きました。彼は手際よくエアルの頭の上に円形のヘッドバンドを乗せ、カートの上の機械に振り向きました。突然彼は「クリア」という言葉を叫びました。

エアルを抑えていた兵士たちが彼女を離しました。その瞬間、私はエアルの体が硬直し、震えるのを見ました。これは 15〜20 秒間続きました。機械の技師は機械のつまみを回し、エアルの体は再び椅子に倒れこみました。数秒後、彼は再びつまみを回し、エアルの体は前回と同じように硬直しました。彼はこのプロセスをあと数回繰り返しました。

私は自分の椅子の中に座って、その間ずっと憲兵たちに押さえつけられていました。そして私は何が起きているのかを理解することができませんでした。私は起きていることによって、怯えており、動けなくなっていたのです。私はそれを信じることができませんでした！

数分後、白い研究所のコートを着た数人の他の男たちが部屋に入ってきました。彼らに手短に今や無気力に椅子の中に倒れこんでいるエアルを検査しました。彼らはお互いにいくつかの言葉をつぶやきました。男の一人がギャラリーの窓に向かって手を振りました。すぐに移動ベッドが二人の係員によって押されてきました。この男たちはエアルのぐったりした体を移動ベッドに持ち上げ、彼女の胸を横切るようにストラップで固定し、それを部屋から押し出して行きました。

私はすぐに憲兵たちによってインタビュー室の外にエスコートされ、直接自分の部屋に連れていかれ、そこで憲兵がドアの外で守衛についたまま、私は自分の部屋の中に閉じ込められました。

約 30 分が過ぎた後、私の部屋のドアにノックがありました。私がそれを開いた時、トワイニング将軍が白い研究所のコートを着た機械の技師と一緒に入ってきました。将軍はその男を私にウィルコックス医師として紹介しました。彼は私に、彼と医者に同行するように求めました。私たちは部屋から出て、その後に憲兵たちが続きました。施設の中を何回か曲がりながら通り抜けた後、エアルが移動ベッドの上で動かされた小さな部屋に入りました。

将軍は、エアルとドメインは合衆国にとって甚大な軍事的脅威としてみなされていると私に言いました。エアルは、彼女がインタビューの中でそうすると言ったようにここから去って自分の基地に戻ることができないようにするために、「動けない状態」にされたのでした。エアルに、彼女が基地で過ごした間に観察したものを報告するのを許すことは、国家安全に対する甚大な危険をもたらすということでした。そのためこれを阻止するために断固たる行動が必要であると決定されたのでした。

将軍はなぜこれが必要なのかを私は理解しているかどうか聞きました。私は理解していると言いましたが、それが少しでも必要であるとは全く同意しなかったし、インタビュー室の中でのエアルと私への「奇襲攻撃」にも確実に同意しませんでした！　しかしながら、私はこれについては将軍に何も言いませんでした。なぜなら私が抗議したら私とエアルに何が起きるかとても怖かったからです。

ウィルコックス医師は、私に移動ベッドに近づき、エアルの横に立つように求めました。エアルはベッドの上で完全に静止して動かない状態で横たわっていました。私は彼女が生きているのか死んでいるのかを見分けることはできませんでした。ベッドの向こう側には、彼らもまた医者であると私が推測した白い研究所のコートを着た数人の他の男たちが立っていました。彼らは二つの測定機器をエアルの頭、腕と胸につなげていました。私は自分の外科医の看護師としての訓練から、それらの機器の一つは脳の中の電気活動を検知するために使われる脳電図機械であると見分けがつきました。もう一つの機器は普通の病室にある生存兆候モニターであり、エアルが生物的な体を持っていないためそれは役に立たないということを私は知っていました。

ウィルコックス医師は、軍の当局者たちに状況を見極め、エアルをどうするのかを決めるための時間を与えるために、彼女を十分に長い間抑える試みとして連続的に「軽い」電気ショックをエアルに施したのだと私に説明しました。

彼は私に、エアルとテレパシーを通してコミュニケーションを試みるように求めました。

私は数分間の間それを試しましたが、エアルからどのようなコミュニケーションも感じることができませんでした。私はエアルがもはや体の中にいるのかどうかすら感じることはできませんでした。

「あなたは彼女を殺してしまったのだと思います」と私は医師に言いました。

ウィルコックス医師は、エアルを彼らの監視下に置いたままにし、再びエアルとコミュニケーションを取ることを試みるために後ほどが戻ってくるように求められると私に言いました。

第十五章

私の尋問

（マチルダ・オードネル・マックエルロイの個人記録）

次の朝、私は４人の憲兵の護衛の下、自分の部屋からインタビュー室にエスコートされました。エアルの厚い詰め物をした椅子は部屋から取り除かれ、小さなデスクといくつかの事務用の椅子に置き換えられていました。私は座って面談を待つように要求されました。数分後、ウィルコックス医師が簡素なビジネススーツを着た別の男と一緒にオフィスの中に入ってきました。その男は自分のことをジョン・リードとして紹介しました。

ウィルコックス医師は私に、ミスター・リードは私の上官の要請で私に虚偽検出検査を行うためにシカゴから飛行機で連れてこられたと説明しました！　この発言に対する私の驚きはあまりにも明らかだったため、ウィルコックス医師は、私がどんなことについても一度でも嘘を吐いた、と遠まわしに言われたことについて明らかに不意を突かれ、侮辱されたということに気づきました。

それにもかかわらず、ミスター・リードは私の椅子の隣の机の上に自分のポリグラフ装置を設置し始め、その間ウィルコックス医師が穏やかな声で、このテストは私自身を守るために施されるのだと説明し続けました。エイリアンとのインタビューは全てテレパシーを通して行われ、さらにエアルがタイプされた記録文書を読み、それらが正確であると証言することを拒否したため、記録文書に含まれた記述の真実性と正確性は私の個人的な保証だけに依存していました。記録文書を真剣に受け止めるべきかどうかを「専門家」、つまり彼自身の評価に基づいて決めるために、記録文書の正確性を信頼できる形でテストする方法は、私が一連のテストと心理学的な検査に従う以外には他にないとのことでした。

彼の口調はとてもはっきりと、「そうでなければ、ただの女が妄想をわめいていると片づけられてしまう」と語っていました！

ミスター・リードは、私の胸の周りにゴムのチューブ、それから私の上腕の周りに普通の血圧計カフを縛り始めました。それから彼は私の指と手の表面に電極を取り付けました。彼は科学的な尋問に関して徹底的な訓練を受けているため、インタビューの間とても客観的であり続けるということを説明しました。この訓練は彼の尋問を人為的エラーがないようにするものと考えられていました。

ミスター・リードは私に、彼とウィルコックス医師が私にこれから聞くことになる質問に反応して、実際に起きている生理的な変化が小さなパネル装置を通して伝送されると説明しました。その読み込まれたデータは動いている方眼紙の上で記録され、彼はそれを机の上の機械の横に置きました。紙の上の並行したグラフがウィルコックス医師の「専門家」としての助言と一緒にミスター・リードによって相互に関連付けられ、解釈されることにより、私が嘘をついているかどうかを決定するのでした。

ミスター・リードとウィルコックス医師は二人とも、始めは一連の当たり障りのない質問を聞き、それから私のエアルとのインタビューに対するより鋭い尋問に進みました。

以下が私が質問について覚えていることです:

「あなたの名前は？」

「マチルダ・オードネル」と私は答えました。

「あなたの生年月日は？」

「1924 年 6 月 12 日」と私は言いました。

「あなたの年齢は？」

「23」

「あなたはどこで生まれたのか？」

「カリフォルニア州ロサンゼルス」と私は言いました。

（等々と続きました）

「あなたはテレパシーを通してコミュニケーションを取ることができるだろうか？」

「いいえ、私はエアル以外とは誰ともそうすることができたことはありません」と私は言いました。

「あなたが速記者に与えた陳述で偽りのものはあるだろうか？」

「いいえ」と私は答えました。

「あなたは意図的に、または意図せずに、エイリアンと交わしたと主張しているコミュニケーションを少しでも想像したり、でっちあげたりしただろうか？」

「いいえ、もちろんありません」と私は言いました。

「あなたは意図的に誰かを欺こうとしているのか？」

「いいえ」

「あなたはこのテストを妨害しようとしているのだろうか？」

「いいえ」

「あなたの目の色は？」

「青」

「あなたはカトリック教徒だろうか？」

「はい」

「あなたがこの基地で速記者に伝えたのと同じ話をカトリック教会の懺悔室で主任司祭に伝えるだろうか？」

「はい」

「あなたは私たちから何かを隠そうとしているのか？」

「いいえ、何も」

「エイリアンがあなたに伝えたことの全てをあなたは信じているだろうか？」

「はい」

「あなたは自分自身をだまされやすい人だと見なすだろうか？」

「いいえ」

これらの質問はこのような形で一時間以上も続きました。ようやく私はポリグラフ機器から外され、憲兵の護衛下のまま、自分の部屋に戻ることを許されました。

その午後の後に私はインタビュー室に戻りました。今度は机が病院の移動ベッドに置き換えられていました。ウィルコックス医師は今回、正看護師に同行されていました。彼は私に移動ベッドの上に横になるように求めました。彼は、私が虚偽検出検査で答えたのと同じ一連の質問を私に聞くように要請されたのだと言いました。

しかし今回は私はペントタール・ナトリウムとして知られている「自白剤」の影響の元で同じ質問に答えるのでした。訓練を受けた外科医の看護師として、私はこのバルビツール酸系催眠薬になじみがありました。なぜならそれは時に麻酔薬として使われるからです。

ウィルコックス医師は、そのような検査に従うことに対して不服はあるかどうか私に聞きました。私は彼に、自分は何も隠すものはありませんと言いました。私はこのインタビューについては何も思い出すことができません。私がこれらの質問に答えるのを終えた時、今度は憲兵に助けられながら自分の部屋にエスコートされたと私は推測します。なぜなら私は、そのドラッグによってあまりにもフラフラでクラクラしており、自分ではしっかり進むことはできなかったからです。しかしながら、その夜私はとても安らかに眠りました。

どうやらこれらの尋問はどちらも疑わしい結果をもたらさなかったようです。なぜなら私はその後、それ以上質問は聞かれませんでした。ありがたいことに私が基地にいた残りの間、私は放っておかれました。

第十六章

エアル立ち去る

（マチルダ・オードネル・マックエルロイの個人記録）

エアルがウィルコックス医師によって「活動不能」にされた後も、私はさらに3週間、ほとんど自分の部屋に監禁されている状態で基地に残りました。一日に一回私は、エアルがウィルコックス医師と私が思うに他の者たちによって常に監視されている状態でベッドの上で横たわっていた部屋まで護衛されました。私が部屋に行くたびに、私は再びエアルとコミュニケーションを試みるように求められました。毎回反応はありませんでした。これは私をとても悲しませました。日々が過ぎるにつれ私はどんどんとエアルが、それがその状態を表現する正しい言葉かどうか分かりませんが、「死んだ」ということを確信し、苦悩していきました。

毎日私は自分のエアルとのインタビューの記録文書を読み返し、どうにかしてエアルとコミュニケーションを再開するために、私に何かを思い出させたり、助けたりしてくれるかもしれない手がかりを探しました。私は未だにエアルがサインするように求められた記録文書の写しが入っている封筒を所持していました。今日に至るまで私はなぜ誰も私にそれらを返還するように求めなかったのかは理解できません。あの興奮の中で記録文書の写しがあることを忘れてしまったのだと推測します。私はそれらを返還することを申し出ることはしませんでした。私は基地に滞在していた間、それらを自分のベッドのマットレスの下に隠していました。そして、それ以降ずっと持ち続けてきました。あなたがこれらの記録文書を見ることになる最初の人です。

エアルの体は生物的でなかったため、医者たちはそれが動かない限り、体が生きているか死んでいるかを検知することはできませんでした。もちろん私はエアルがIS-BEとして意識的に体を動かしていなければ、体は動かないということを知っていました。

私はこれをウィルコックス医師に説明しました。私は何回も彼に説明しました。毎回彼は私にどことなく人を見下したような微笑みを見せ、私の腕を軽く叩き、もう一度試したことについて私にお礼を言いました。

3週目の終りに私はウィルコックス医師によって、この状況に対処できるより良い設備を持った、より大きな、より安全な軍事医療施設にエアルが動かされることが軍によって決められたため、私の貢献はもう必要ないと言われました。彼はその施設がどこに位置しているのかについては何も言いませんでした。

それが私が最後にエアルのドール・ボディを見た時です。

次の日、私はトワイニング将軍がサインした指令書を受け取りました。指令には、私が合衆国軍に対する軍務を完了し、正式にそれ以上の任務から放免され、名誉除隊と寛大な軍人恩給を受け取ることになると書かれていました。私はまた、軍によって移転され、適切な書類とともに新しい身元を与えられるとのことでした。

私は指令書と一緒に、読んでサインするように指示された文書を受け取りました。それは機密保持誓約でした。その文書の言葉遣いは「法律用語」でいっぱいでしたが、私が自分の軍隊での勤務の間、見て、聞き、または体験したどのようなことも、誰にも決して話してはいけないーさもなければアメリカ合衆国に対する反逆行為として死刑で罰っするーという点はとてもはっきりとしていました！

後で分かったことですが、私は連邦政府の証人保護プログラムに入れられました。ただしそれは、私が政府によって政府から守られるというものでした。言い換えれば、私は黙っている限り生きていられるということでした！　次の朝、私は小さな軍の輸送機に乗せられ、ある移転先に飛ばされました。様々な場所で短い期間滞在しては行ったり来たりした後、私は最終的にモンタナ州グラスゴーにあるフォートペック近辺に落ち着きました。

私が輸送機に乗るようにスケジュールされていた日の前の夜、私がベッドの中で横になり、この事件の全てを熟考し、エアルと私に何が起きたのかについて思い巡らしていたら、私は突然エアルの「声」を聞きました。私は自分のベッドの中で直立して座り、寝室用のランプの光を入れました！　私は数秒間の間、部屋の中を必死に見回しました。その時、私はそれがIS-BEとしてのエアルだということに気づきました。もちろん彼女の体は私と一緒にその部屋の中にはありませんでした、またそうである必要もありませんでした。

彼女は「こんにちは！」と言いました。彼女の思考の口調は簡素で友好的でした。それは間違いなくエアルでした。私はそれについてほんの少しも疑いはありませんでした！

私は「エアル？　あなたはまだここにいるの？」と考えました。彼女は「ここ」にはいるが、地球の体の中にはいないと答えました。インタビュー室で医者と憲兵たちが私たちを襲撃した時、彼女はドメインの基地にある自分の持ち場に戻ったのでした。彼女は、私が健康で無傷の状態で解放されるということを知覚することができて喜んでいました。

私は彼女が彼らからどのように逃げたのかを不思議に思いました。彼らがショック・マシーンによってエアルにけがを負わせたかもしれないと心配していました。エアルは、ショックが施される前に体から去ることができ、体の中を流れる電流をかわすことができたと言いました。彼女は、自分は安全で自分のことは心配しなくても良いということを私に知らせたかったのです。控えめに言っても私はとても安心しました！

私は再び彼女に会うことはできるだろうか？　と私はエアルに聞きました。エアルは、私たちは二人とも IS-BE であると私を元気づけました。私たちは肉体ではない。今や彼女が私の時空の中の位置を見つけたため、私たちはこれからも常にコミュニケーションを取ることができるのでした。エアルは私に幸福を祈り、私の彼女とのコミュニケーションは当面は終わりました。

ミセス・マックエルロイからの追伸

編集者の注釈:私がミセス・マックエルロイから受け取った封筒の中には、手紙の原文、記録文書と他の説明文と一緒に「私は最後に読んで」と記された封筒が入っており、その中には以下のメッセージが入っていました。これがそのメッセージです:

この封筒の中の他の文書は、1947 年に起きたことに関しては、話の終りです。しかし、政府が私を最後の移転先に定住させた数か月後、私はエアルとのコミュニケーションを定期的に続けました。

ロズウェルでの墜落からもう少しでちょうど 40 年になります。あれ以来私にとってはっきりとしたのは、私がエアルとテレパシーを通してコミュニケーションを取ることができたのには一つの理由があります:私は失われた大隊の 3000 人の人員の一人なのです。現時点では、ドメインのアヌンナキ派遣団と彼らの「生命の樹」探知装置の使用により地球での失われた大隊の人員は全員見つかりました。

エアルとのコミュニケーションを通して、私は過去 8000 年間地球で過ごした様々な転生の記憶の一部を回復することができました。これらの記憶のほとんどは、遠い昔から起きてきた出来事に比べたら特段重要ではありませんが、私の IS-BE としての自覚と能力を取り戻すために必要な踏み石でした。

私はまた、ドメイン遠征軍での自分の転生をおぼろげにところどころ思い出すことができます。私はそこでも看護師でした。大抵の場合、私は昔から繰り返し、繰り返し、繰り返し看護師でした。私が看護師であることにこだわり続けるのは、それが私にとって馴染みのあるものだからです。そして私は人間、それから特に、手が哺乳類よりも虫のように見える体を持っているドメインにいる生物的な存在たちの種族の一員たちを助ける仕事が楽しいからです。そしてドールボディですらたまには修復が必要です。

私が自分の過去を思い出せば思い出すほど、自分の人生の残りは未来にあるということに気づきます。永遠とは過去の中だけにあるのではありません。永遠とは未来にあるのです。現時点では私はまだ完全にドメインに復帰することはできません。
我々が「旧帝国」のバリアを無効にすることができるまで、地球と呼ばれる生きた地獄の中で私は他の IS-BE たちと同じように永遠の禁固刑の判決を受けています。

私は今や、自分の生物的な体をこれ以上はあまり長く保持しないため、近いうちに「旧帝国」の記憶喪失処理を通してリサイクルされー以前に何が起きたのか、の記憶は一切なしにー再び最初から始めるために別の赤子の体に押し戻されるということを強烈に認識しています。

あなたが知っているように、ドメイン遠征軍のメンバーが何千年もこの問題を解決することに取り組んでいます。エアルは、失われた大隊の士官と乗組員たちを全員見つけているにもかかわらず、彼らの解放に成功することは、もう既に地球にいる IS-BE たちにかかっていると言っています。ドメイン中央司令部は、現時点では「救援任務」を行うために人員や資源に許可を与えることはできません、なぜならそれはこの銀河系でのドメイン遠征軍の第一の使命ではないからです。

そのため、もし地球の IS-BE たちがこの牢獄から脱出するのであれば、それはいわば「内部犯行」でなければなりません。囚人たちがどうやって自分たちを脱出させるのかを考え付かないといけません。過去１万年で、地球で IS-BE たちの記憶と能力を回復させるための様々な手法が開発されてきましたが、今のところは一貫として効果的であることが判明したものは一つもありません。

最も重要な進展は、約2500年前にゴータマ・シッダールタによってもたらされたとエアルが話していました。しかしながら、ブッダによって教えられた原初の教えと技術はその時から過ぎた数千年の中で改ざんされたか失われてしまいました。彼の哲学の実用的な技術は支配、または奴隷制の利己的な道具として神官たちによってロボットのような宗教的な儀式に歪められてしまいました。

しかしながら最近、別の重要な進展がありました。ドメイン遠征軍宇宙基地の司令官の知人に「旧帝国」宇宙艦隊の重要なエンジニアであり士官であったIS-BEがいます。彼は約1万年前に「旧帝国」の圧政的な政権に対する反乱を指導したため、彼自身が「アンタッチャブル」になり、地球に送られました。そのエンジニアは何千年も前に先進的な科学的即興応用理論の訓練を受けました。この男は、失われた大隊、それから地球のIS-BEたちを救助するという一見解決不可能な問題を解決するために自分の専門知識を使ってドメインを助けています。

彼と、彼を補佐した妻が、IS-BEたちの記憶メカニズムを注意深く観察し、実験解析したことにより、IS-BEたちは記憶喪失から回復し、失われた能力を取り戻すことができるという認識に至りました。

一緒に彼らは効果的な手法を発見し、発達させ、自分たち自身の記憶を回復するために使いました。他の人が安全に訓練を受け、「旧帝国」の思考コントロール・オペレーターたちに感知されずに、これを自分自身と他の人たちに施すことができるようにするために、彼らは最終的には自分たちの手法を体系化しました。

彼らの研究はまた、IS-BEたちは同時に一つ以上の体を占有し、動かすことができるということを明らかにしました－この事実は以前は、ドメインの士官に独自に限られたものだと思われていました。

この事実の一例は、そのエンジニアの地球での過去生の一つがスレイマン大帝だったことです。彼を補佐したのはハーレムの女の子であり、彼女は奴隷の身分から彼の妻になるまで出世し、彼と共にオスマン帝国を統治しました。同時に彼女は別の体にも居住し、彼女自身の帝国をエリザベス(一世)女王として統治しました。イギリスの女王として彼女は生涯結婚しませんでした。なぜなら彼女はもう既にオスマン帝国のスルタンと結婚していたからです！

後の人生で彼は、セシル・ローズとして転生しました。彼のローズとしての転生の間、彼女は再び王女であり、今度はポーランドの出身でした。そのため、彼女はローズを彼の人生の最後の方に執拗に追い回しましたが、不成功に終わりました。しかしながら彼らは次の転生で再び出会い、結婚し、家族を持ち、再び自分たちの人生の間、一緒にうまく一体となって働きました。

この現象の他のいくつかの著名な実例が観察されました。例えば、鋼を精錬するプロセスは同時に二つの体に居住したIS-BEによって発明されました。一人はケンタッキーに住んでいたケリーという名前の者であり、もう一人はイギリスに住んでいたベッセマーという男でした。彼らは同時に同じプロセスを思いつきました。

もう一つの例は、電話の発明者であるアレクサンダー・グラハム・ベルであり、電話はイライシャ・グレイを含む複数の他の者たちによって同時に発明されました。電話は世界中の複数の場所で一斉に思いつかれました。この一人のIS-BEは途方もなく大きなエネルギーと能力の持ち主であったため、複雑な研究の仕事を行いながらも複数の別の場所にいる複数の別の体を動かすことができました！

これらの事実の発覚により、ドメインは失われた大隊のIS-BEたちの一部を限られたパートタイムの形で現役の任務に戻すことができました。例えば、今現在地球で生物的な体に居住している２人の若い女の子は、同時にドメイン遠征軍の現役のメンバーとして、小惑星帯の宇宙ステーションで通信交換台のオペレーターをしています。これらのオペレーターたちはドメイン遠征軍とドメイン司令本部の間の通信を中継しています。

最近、私自身、地球で生き続けながらドメイン遠征軍のために自分の任務を一部再開することができました。しかしながら、これは簡単な作業ではなく、私の生物的な体が寝ている間にしかできません。

私たちは地球に永遠に居続けなくても良いかもしれない、と知ったことは私をとても、とても幸せにします。失われた大隊だけでなく、地球の他のたくさんの IS-BE たちにも脱出の希望があります。

しかしながら、この封筒の中の情報を通して、全ての IS-BE たちが地球の実際の状況をもっと認識できるように助けることができます。だからこそ私は、これらの手紙と記録文書をあなたに送ったのです。私はあなたにこれらの文書を出版してほしい。私は地球の IS-BE たちに、地球で本当は何が起きているのかを知る機会を持ってほしいのです。

ほとんどの人たちがこれらのことを、どれも信じないと私は確信しています。それはあまりにも信じがたいように思われます。「理性的」な人であれば誰も絶対に一言も信じません。しかしそれは、電子的にコントロールされた幻である牢獄惑星の中で記憶を消去され、偽の情報で差し換えられた IS-BE にとってだけ信じがたいように思われます。自分たちの状況が一見信じがたいものであることが、自分たちにその現実に直面することを妨げさせてはなりません。

率直に言って、現実に「理由」など関係ありません。理由などないのです。事態はそうなのだから。私たちが自分の現実の事実に直面しなければ、永遠に「旧帝国」に抑えつけられたままです。今や「旧帝国」に残された最大の武器は、彼らが地球の全ての IS-BE たちにやっていることに対する私たちの無知です。不信と秘密主義が彼らが持っている最も効果的な武器です。

同封された記録文書を「極秘」として機密扱いにした政府機関は、「旧帝国」の牢獄運営者たちに与えられた催眠暗示を通して密かに指示された、心を持たないロボット以上の何物でもない IS-BE たちによって運営されています。彼らは、見えない奴隷の主人たちに仕えていることを知らない奴隷であり一奴隷であることを厭わないことによってさらに奴隷になってしまっています。

地球の IS-BE たちのほとんどは、善良な、正直で、有能な存在たちです：実際には誰にも危害を加えていない芸術家、マネージャー、天才、自由な発想の人と革命家たち。彼らは、彼らを監禁した犯罪者たち以外には誰にとっても脅威ではありません。

彼らは「旧帝国」の記憶喪失と催眠オペレーションについて知らされなければなりません。彼らは自分の過去生のことを思い出す必要があります。これが起きる唯一の方法は、コミュニケーションを取り、協調し、反撃することです。私たちは他の人たちに話さなければならない、そして彼らはお互いと堂々と隠さずに議論をしなければならない。秘密主義と抑圧に対する唯一の効果的な武器はコミュニケーションです。

だからこそ私はあなたにこの話を伝えるように頼んでいます。どうかこれらの記録文書をできるだけ多くの人と共有してください。もし地球の人々がここで本当は何が起きているのかを教えられれば、彼らは自分が誰であるか、またどこから来たのかを思い出し始めるかもしれません。

さしあたり、私たちは言葉を使って自分たちの解放と救助を始めることができます。私たちは再び自由になれます。私たちは再び自分自身であることができます。もしかしたら私は、私たちの永遠の未来のどこかで体を持っているか持っていない状態で直接あなたに会うかもしれません。

私たち全員に幸運を。

マチルダ・オードネル・マックエルロイ

―ミセス・マックエルロイの文書の終わり―

エイリアン・インタビューについてさらに詳しい情報を得る
または
編集者と連絡を取るには以下のウェブサイトで：

http://www.alieninterview.org

http://www.alieninterview.org/blog

ローレンス R.スペンサー
が執筆した他の本を見つけるには
出版社のウェブサイトへ：
http://stores.lulu.com/pan

The Oz Factors

Pan – God of The Woods

The Big Bleep

The Oracle of Pan

Vermeer: Portraits of A Lifetime

Ingram Content Group UK Ltd.
Milton Keynes UK
UKHW011311130623
423377UK00001B/168

9 781329 408913